历史不带这么侃的

——影视剧中的那些错

倪梁鸣　郝梅梅　著

中国和平出版社

图书在版编目（CIP）数据

历史不带这么侃的：影视剧中的那些错 / 倪梁鸣，郝梅梅著.
- 北京：中国和平出版社，2013.5
ISBN 978-7-5137-0529-5

Ⅰ.①历… Ⅱ.①倪…②郝… Ⅲ.①中国历史 - 青年读物②中国历史 -
少年读物 Ⅳ.①K209

中国版本图书馆CIP数据核字（2013）第045888号

《历史不带这么侃的——影视剧中的那些错》

倪梁鸣 郝梅梅 著 刘存站 绘

出 版 人：肖　斌
责任编辑：周　彧　何巧云
封面设计：北京上品分享文化传媒有限公司
责任印务：刘永来　石亚茹

出版发行：中国和平出版社
社　　址：北京市海淀区花园路甲13号院7号楼10层（100088）
发 行 部：（010）82093738　　82093737（传真）
网　　址：www.hpbook.com
投稿邮箱：hpbook@hpbook.com
经　　销：新华书店
印　　刷：北京中印联印务有限公司

开　　本：710毫米×1000毫米　　1/16
印　　张：12
字　　数：150千字
版　　次：2013年5月北京第1版　2013年5月北京第1次印刷

（版权所有　侵权必究）

ISBN 978-7-5137-0529-5　　　　　　　　　定　价：21.80元

求真匡误，爱心至上

中华民族是一个历史悠久的伟大民族，中华子民一代又一代坚忍不拔，构建了中华民族文化的摩天大厦；中华子民有独特的知识享用权，以至于每天都有千姿百态、争奇斗艳的历史文化产品破土而出，铺天盖地。历史题材的影视剧是怒放其中的奇葩，无论在创作或者产出方面，都取得了优异的成绩。这是好事，懂得充分发掘祖国取之不尽、用之不竭的传统文化资源，弘扬民族文化，鼓舞民族精神，让中国更加豪迈地走向世界，让世界加速认识中国。

文化产品，涉及学术。任何学术，都须要直面两个问题："求真"和"致用"，二者辩证统一。求真而不能够经世致用，枉费学术；唯求致用，而不顾客观事实，甚至践踏史实，就会造成失误。在历史题材的影视剧中，其历史知识的错误、缺失、偏差随处可见。毋庸讳言，这些都是前进中的偏颇，不值得大惊小怪。但是不能够听之任之，更不能让错误问题泛滥，需要加以纠正。如何纠正？现代社会，讲究投入成本。谁来为纠正这些错误问题所花费的劳动买单？这需要有责任心和奉献精神的人挺身而出。

作者则是这样一名积极热情的青年学人。他有自己的专业，本着强烈的责任心，放下手头研究课题，花费大量时间审视影视剧，纠正其错误问题。有些知识性错误，从专业视角看，一眼就能够发现。但是，如同疗疾，开处方的时候，需要谨慎。历史学重视依据，落笔的时候，需要核实资料，不得不披阅浩瀚的文献，有些问题还需要加以考证，不能够以错易错。一两个问题，尚可以"激情"参与一次；连篇累牍，则考验耐力了。流行的影视剧中，有些历史知识和常识性的瑕疵不可谓不多，积累起来编纂成册，这个劳动量不小，这本小册子负载了作者的劳动汗水，为社会提供了一份价值不菲的贡献。

这本小册子，其体例比较活泼，结构明快，可以划分四大块。其一，每篇提炼一个命题，直揭错误问题。其二，每篇开头有一段小序，用黑体字编排，言简意赅点明错误问题、性质、来源，勾勒一篇的主要内容，有利于读者在很短的时间明白错误的真相。其三，用民众喜欢的"三字经"形式，提炼八句话，对错误问题提出批评。文字轻松活泼，略带调侃和打油，加强了感染力，给人以深刻的印象。这正是善意批评的目的之所在。其四，撰写正文，梳理历史线索，正面阐述正确的历史知识，还历史问题的原貌。所有篇幅，配有插图，强化了主题。

不敢说这本小册子能够在文化产品的市场发挥多大作用，至少在错误和漏洞较多的影视剧面前，具有传播正确历史知识、常识和校正视听的积极意义。而对于今后历史剧的诞生，可以引以为戒，减少或者避免重复错误。从这个层面看，十分期待这个小册子，能够延续编纂，不断出版，为历史剧的创作和产出提供一道绿色的防护墙。也呼唤更多的人参与这个劳动，为净化文化产品市场奉献一份光和热。

周怀宇于合肥

2012年12月23日

（序者为安徽大学历史系教授，研究方向为中国古代史、区域史、历史文献学。）

目 录
CONTENTS

扁鹊和华佗

  影视剧《牛郎织女》中自称是华佗的人，也许应该是扁鹊吧。这一部戏中都是上古时的神仙，哪里会有一个东汉末的华佗呢？估计是把华佗和扁鹊弄混了。

在古代，有名医，为百姓，济苍生。

上古时，传扁鹊，东汉时，是华佗。

华佗（约145年—208年）

　　说到中国古代的神医，有两个人必须要提到，一个是神话中的医生，名叫扁鹊，而另一个则是被称作神医的，名叫华佗。虽然这两人都很"神"，但是很少会有把他们俩混淆的，直到电视剧《牛郎织女》上演后，在大禹治水的时代出现了华佗，才知道，原来华佗和扁鹊也有混淆的可能。

　　华佗是东汉末年的一位名医，字元化，一名旉（fū），沛国谯（今安徽省亳州市）人，少年时曾在外游学，通晓儒家经典。但是，他无心做官，只想做一名济世救人的医生。据史料记载，华佗曾经为病人使用麻沸散后，剖开腹背，断截湔洗肠胃后，再将伤口缝合。这样的手术，按照东汉末年的科技水平，简直是无法想象的。另外，华佗还是一名养生专家，他根据虎、鹿、熊、猿、鸟的动作，自制了一套"五禽戏"体操，有使身体轻便，延年益寿的功能。不幸的是，东汉末年的丞相曹操，因为患有严重的头风病，于是就让华佗常陪伴左右，做自己的专职医生。华佗不愿意，而后被曹操下令处决。一代名医，如巨星陨落，让人伤神。传说，后来曹操为此也后悔不已。

　　说到扁鹊，他本是一个神话中的人物，相传他是上古黄帝时期的神医。"扁鹊"的原意是一只在天上自由飞翔的类似于喜鹊的鸟。在现在出土的汉代石刻中，能看见一位长着人手人面，又有一条鸟尾巴，像鸟一样站着的神人，这就是扁鹊的最初形象。也许当时有个部落，擅长医术，又以喜鹊作为图腾，于是就用扁鹊代表当时的这些人。

扁鹊（前407年？—前310年？）

不过，在先秦时期，倒真有一个扁鹊。此人姓秦，名越人，河北任丘人，一说山东长清人。因为他的医术高明，所以当时的人们用上古时期的扁鹊来称他，反而忘了他的本名。秦越人成为神医，有一定的神话色彩，据说他和一个叫长桑君的神人来往10余年，长桑君传给秦越人神药和医书。他服用神药后，有了一项特异功能，可以裸眼看见别人的内脏，内脏的病症便可一目了然。再加上神人传下的医书，什么样的病都可以治好了。秦越人的一生也是游历四方，他经常根据当地的风俗，改变自己的从医方向。某地要是重视妇人，他到了这个地方就主治妇科病。某地尊重老人，他到这个地方就主治老年病，所以名闻天下，广受好评。直到他到秦国行医时，因为医术高明，被秦国的太医令李醯（xī）所嫉恨，最终派人刺杀了秦越人。

影视剧《牛郎织女》中自称是华佗的人，也许应该是扁鹊吧。这一部戏中都是上古时的神仙，哪里会有一个东汉末的华佗呢？估计是把华佗和扁鹊弄混了。

（华佗）

还想知道更多吗？

请参看：《中国古代医药卫生》魏子孝、聂莉芳著 商务印书馆 1996年版（"扁鹊"104页—108页"外科始祖华佗"112—116页）。

以后我磨豆腐啊，可就方便了……

上古时代的"豆腐"

电视剧《牛郎织女》中，时空有点混乱，很早很早就将豆腐搬上了餐桌。尽管他们的心意是好的，想让传说中的人物们都能吃上大家爱吃的食物，显得非常亲民。可是，一旦这个条件成立，以后再说豆腐是刘安发明，豆腐约在汉代时出现，还有谁相信呢？

淮南王，汉刘安，专于道，好炼丹。

后加卤，出豆腐，成美食，古今传。

豆腐自古出名，虽然常见，却不同凡响。有关于豆腐的美食，更是不可胜数：臭豆腐、毛豆腐、冻豆腐、煎豆腐、麻婆豆腐，还有精于烹饪之道的苏东坡亲自操勺，所创新的豆腐菜肴，人称"东坡豆腐"，以及《随园食单》中有名的"蒋侍郎豆腐"。

看来豆腐与名人之间的关系可不浅，名人们不仅操刀实践，他们也纷纷为豆腐作诗歌咏，以表彰豆腐在日常餐桌上的巨大贡献。比如古人曾写过一首《咏豆腐》的诗："低珠磨雪湿霏霏，炼作琼浆起素衣。出匣宁愁万璧碎？忧羹常见白云飞。蔬盘惯杂同羊酪，象箸难挑比髓肥。却笑北平思食乳，霜刀不切粉酥归。"诗写得是清淡雅致，字句也是工整精炼，正如同这豆腐一般洁白细腻、软绵适口。

这豆腐好吃，也深受大家喜爱，可是究竟古人什么时候能吃上它，还需要考究一番。

现在大家普遍认为豆腐是由汉高祖刘邦之孙——淮南王刘安所发明。元代吴瑞作的《日用本草》一书写道："豆腐之法，始于汉淮南王刘安。"李时珍也在书中加以肯定。话说刘安在安徽省寿县与淮南交界处的八公山上炼丹烧药的时候，一次很偶然的情况下，用石膏点豆汁，从而发明了豆腐。在现代汉墓的遗址，墓中的画像石上就有生产豆腐的场面，因此也极大地证明了这个观点的科学性。当然，也有人

刘安（前179年—前122年）

5

陶谷（903年—970年）

对这个起源时间表示疑问，有人说孔子时代就有豆腐了，有人说要到唐末或是五代，因为，现在所发现最早的关于豆腐的文献记载是在五代。陶谷撰写的《清异录》中说：一个青阳县县丞，他洁己勤民，不吃肉，每天买豆腐数块。这说明，豆腐的起源应该不晚于晚唐五代。

从孔子时代到晚唐五代是一段漫长的历史时期，在这段时间内，豆腐都有机会出现。但是，文献和考古发现都普遍支持豆腐出现于汉代，由刘安发明这个说法。因此，我们可以大胆地推测，在遥远的上古时代是吃不到现在所谓的"豆腐"的。

电视剧《牛郎织女》中，时空有点混乱，很早很早就将豆腐搬上了餐桌。尽管他们的心意是好的，想让传说中的人物们都能吃上大家爱吃的食物，显得非常亲民。可是，一旦这个条件成立，以后再说豆腐是刘安发明，豆腐约在汉代时出现，还有谁相信呢？

（龙虎牛郎织女石棺）

还想知道更多吗？

请参看：《中国古代饮食文化》林乃燊著 商务印书馆1997年版（"豆腐和豆制品的生产"60页—62页）。

大禹时期有蜡烛吗

　　电视剧《牛郎织女》中，经常会出现红蜡烛的镜头，可是电视明明说的是大禹时期，那时哪里有红蜡烛呢？看来牛郎织女这段浪漫的爱情，还是要靠火把来照亮了。

在远古，多神话，名蜡烛，实火把。

到汉代，有雏形，要照明，用蜜烛。

　　说到蜡烛，大家对它并不陌生，在中国古代，蜡烛是一种重要的照明工具。唐代诗人贾岛就有"佩玉春风里，题章蜡烛前"的诗句。宋代词人晏殊也有"蜡烛到明垂泪，熏炉尽日生烟"，从中也可看出蜡烛的照明作用。蜡烛看起来很普遍，以至在现代所拍的古装剧中，凡是照明工具，基本都用蜡烛，这就有问题了。

　　古代有所谓的"烛"，它也是一种照明工具，但却不是蜡烛的样式，而类似于火把。古人讲究礼仪，在别人家里做客，到晚上时，主人会点起火把，如果火把烧到木把处时，客人就应该告辞，不能再逗留了，这叫做"烛不见（xiàn）跋"，"烛"指的是火把，"跋"就是火把的木把。春秋时，有个叫颜叔子的人，在自己家房内。偏偏有一天晚上下大雨，隔壁住着一个寡妇，她的屋子给雨水冲塌了，于是就到颜叔子家避雨。颜叔子觉得男女共处一室，有伤风化，又不好拒绝，于是就让她拿根"烛"（火把），照亮整个屋内。当时"烛"根据形状有不同的称呼，比如没有点燃的火把，称作"樵"；能拿在手中的火把，称作"烛"；插在地面上的大火把，称作"燎"。

　　到了战国，中国出现了灯。灯的繁体写法是"燈"，"登"在古代是一种陶制的叫做"豆"的容器，一般用来盛放肉酱。秦汉时期，"登"的形态发生变化，盘中出现了一根长钉，用于固定可燃物，手柄下端也有了底座，便于摆放于平面。因为"登"基本上是青铜制作，于是就写成了"镫"。至于"燈"字，直到魏晋南北朝时期才出现。点灯时，人们会将麻绳、苇草、松木条、树皮等捆起来，固定在灯的长钉上，当做捻子，盘中装满动物油脂，当点燃捻子时，就可以当照明工具使用了。有的灯也装有植物油脂，不过那是在隋唐以后了。

至于我们现在所说的蜡烛，至早在汉代时才有，根据《西京杂记》记载，西汉初年，南越王向汉高祖刘邦进献了石蜜5斛、蜜烛200枚等，汉高祖大喜。其中的蜜烛就是现在蜡烛的雏形，当时还是进贡的物品。唐代诗人韩愈在《寒食》中写道"日暮汉宫传蜡烛，轻烟散入五侯家"，寒食节那天，汉朝的皇帝要赏赐大臣们蜡烛，可见蜡烛还是十分稀罕的东西。直到明清时期，蜡烛才真正普及到普通百姓家中，成为一种日常的照明工具。

韩愈（768年—824年）

电视剧《牛郎织女》中，经常会出现红蜡烛的镜头，可是电视明明说的是大禹时期，那时哪里有红蜡烛呢？看来牛郎织女这段浪漫的爱情，还是要靠火把来照亮了。

（良渚文化 陶豆）

还想知道更多吗？

请参看：《汉唐流风：中国古代生活习俗面面观——衣食住行》王赛时著 山东友谊出版社2000年版（"灯具"129页—131页）。

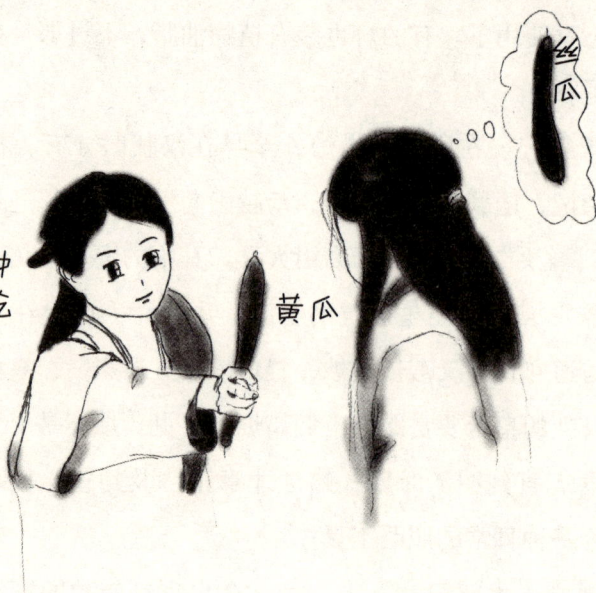

牛郎哥，我种
的丝瓜可以吃
了……

黄瓜

远古时代有黄瓜吗

　　不管是叫胡瓜还是黄瓜，这种蔬菜都是在张骞出使西域后才有的，至少是在汉武帝时期。再早一点的话，中原地区是没有了。电视剧《牛郎织女》中，大禹时期赫然出现了一片黄瓜地，绿油油的黄瓜整齐地攀在菜架子上，不免让人感觉有些不伦不类，这黄瓜还是早早下架为妙。

汉武帝，派张骞，使西域，传胡瓜。

隋炀帝，避胡人，改"胡"姓，称黄瓜。

　　说起黄瓜来，那是我们再熟悉不过的一种蔬菜了。随着大棚技术的普及，使得原来只能在温暖气候下生长的蔬菜，在北方的寒冷季节中也能轻松种植，黄瓜就是其中的代表。古代时，冬天很难吃到黄瓜，如果能在冬天见到黄瓜，那简直就是奇货可居了。传说，明太祖朱元璋有一年冬天身体不适，突发奇想要吃黄瓜，于是宫里的太监只好到市上去买，结果真倒是碰到了一家人，存了两条新鲜黄瓜，但是要价200两银子。太监嫌贵，谁知那家人还不爱卖，自己先吃了一条。太监慌了，连忙拿钱买下剩下的一条，献给朱元璋。这虽是一个传说，但至少可以知道冬天的黄瓜是稀有之物。那么夏天的黄瓜是稀有之物吗？至少在黄瓜没有传入中国之前，它应该如此。

　　黄瓜是一种外来蔬菜。汉武帝时，张骞出使西域，加强了西汉和西域各国的联系，不仅将汉代的文化传入西域，而且也从西域带来了西汉所缺之物，譬如黄瓜。据《本草纲目》记载，张骞出使西域时，从当地带回黄瓜的种子，于是中原地区才逐渐种植。

　　黄瓜最初名为胡瓜，胡在古代指的是北方或西域的少数民族，从那里传来的物品，都带一个"胡"字，如胡椒、胡桃、胡琴等等。胡瓜如此命名，也是这个道理。

　　从"胡瓜"改名为"黄瓜"，相传和五胡十六国时

张骞（？—前114年）

11

后赵皇帝石勒有关。石勒是五胡之一羯族人，他当上皇帝后，忌讳"胡"这个字，曾经把胡饼改名为麻饼。有一天他在朝廷接见地方官员，看见樊坦衣衫褴褛。当石勒向他问及此事时，樊坦却将其归咎于胡人抢夺他的衣服。可话一出口，樊坦就发现自己犯了忌讳。在中午吃饭时，石勒故意将一盘胡瓜摆在樊坦面前，问：卿知此是何物？樊坦甚知其中用意，便回答道：此是黄瓜。石勒这才满意，没有追究樊坦的罪过。

不过这只是传说而已，有明确史料记载的则是隋炀帝杨广。史书《大业杂记》中记载大业四年（608年），隋炀帝从塞北回到东都（今河南洛阳）后，改"胡床为交床，改胡瓜为白露黄瓜，改茄子为昆仑紫瓜。"唐代史书《贞观政要》中也记载了这样一段历史，贞观四年（630年），唐太宗说过一句批评隋炀帝的话："隋炀帝性好猜防，专信邪道，大忌胡人，乃至谓胡床为交床，胡瓜为黄瓜，筑长城以避胡。"看来这是有史书记载的，总比传说更有根据。

但是，不管是叫胡瓜还是黄瓜，这种蔬菜都是在张骞出使西域后才有的，至少是在汉武帝时期。再早一点的话，中原地区是没有了。电视剧《牛郎织女》中，大禹时期赫然出现了一片黄瓜地，绿油油的黄瓜，整齐地攀在菜架子上，不免让人感觉有些不伦不类，这黄瓜还是早早下架为妙。

（隋炀帝）

还想知道更多吗？

请参看：《中国古代饮食文化》林乃燊著 商务印书馆1997年版（"新石器时代炊烟四起"20页—29页）。

商朝人能吃到茄子吗

　　旧版《封神榜》中，姜子牙外出卖面粉，在热热闹闹的集市上，一个菜摊上摆满了紫色的圆茄子，可是，我们都知道，商朝时人们吃的蔬菜没有那么丰盛，要等茄子传到中国还需几千年呢！看来，他们是无福消受了。

紫茄子，圆溜溜，皮饱满，营养高。

早品种，生印度，南北朝，才传到。

茄子，现在已经成为普通百姓日常餐桌上的常客了。中国人爱吃茄子，喜欢把茄子做成各式各样的菜肴，有红烧茄子、鱼香茄子、肉末茄子、炸茄盒等等。茄子是如此之常见，以至于人们不仅吃茄子，还念叨茄子。在照相时，我们总喜欢对着镜头喊一声"茄子"，那么照出来的相片上总会显得笑嘻嘻的，弯弯的嘴倒有几分像长茄子。

茄子有长形和圆形之分，一般为紫色。在南方，还有一种青皮茄子，皮略薄，在国内的种植时间较紫茄子稍晚点。然而，很多人并不清楚，像西红柿、辣椒一样，茄子也属于一种外来的植物。

茄子的野生品种最早出现于印度，南北朝时期，随着佛教逐渐传入我国。茄子初来中国时，因为很多人没有见过，所以一度被视为一种珍贵蔬菜，当时只有大户人家和达官贵人才有口福享用。但是，茄子这种蔬菜很容易种植，所以，传入中国后不久就在国内定居下来，人们开始大面积种植茄子。东晋咸和三年（公元328年），陶侃和温峤的军队就在南京城的长江边上一个叫"茄子浦"的地方会师，"浦"指的是水边，当时这一片水边应该种了不少茄子。

因为茄子是随印度佛教传入我国的，所以"茄"最初是写成"伽"（qié）。"伽"和佛教有关，南北朝时，有"伽蓝"一词，表示寺庙。后来，人们认为它是一种瓜类的草本植物，才改"伽"为"茄"，成了我们现在所说的"茄子"。

茄子又有叫"落苏"的，唐代笔记小说《酉阳杂俎》中说这是和五代十国时的吴越国皇帝钱镠有关。钱镠当皇帝时，为当地兴修水利，修筑河坝，社会经济得到发展，为老百姓做了不少好事。但是，钱镠有个皇子却是跛足。跛足又叫瘸子，而在当地，瘸子和茄子的发音相同，偏偏这位皇子又喜欢吃茄子，所以，当人们说茄子的时候，钱镠总觉得是在取笑他的儿子，很是苦恼。有一天，他看到茄子的形状，发现很像自己所乘坐的车子上的流苏，茄子好似摘落下来的流苏，于是他就改称茄子为落苏，后被百姓所接受。

　　旧版《封神榜》中，姜子牙外出卖面粉，在热热闹闹的集市上，一个菜摊上摆满了紫色的圆茄子，可是，我们都知道，商朝时人们吃的蔬菜没有那么丰盛，要等茄子传到中国还需几千年呢！看来，他们是无福消受了。

钱镠（852年—932年）

（钱镠）

还想知道更多吗？

　　请参看：《餐桌上的植物史》秦风古韵著 东方出版社2009年版（"茄子"63页—64页）。

商代的西瓜

　　1990年拍摄的电视连续剧《封神榜》中，有一个镜头，姜子牙在市街卖面粉，其背景是一个西瓜摊，还有人在认真挑选着。看来在"砰砰"的敲西瓜声和小贩的叫卖声中，西瓜的历史要被改写了。

大西瓜，圆又圆，皮青翠，果瓤佳。

可消暑，可清毒，自西汉，传华夏。

西瓜，是一种我们再熟悉不过的水果。夏天的时候，骄阳似火，柏油路都被烈日烤得发白，似乎都要化掉了，外出的人们回到家中，最惬意的事莫过于打开空调，吃上一角冰镇西瓜，全身的暑气就此一消而散，所有的疲劳也都在不知不觉中消除了。

明代著名医学家李时珍在大名鼎鼎的《本草纲目》一书中就已经对西瓜有了清晰的记载，其中明白地写道西瓜又名寒瓜（表意为寒冷的瓜），皮甘甜、性凉、又无毒性，专门能治嘴上或舌上的热毒。另一位农学家徐光启在《农政全书》中也提到西瓜，并且介绍了其种植方法，可见古人对西瓜也是相当的重视。还有明代小说家吴承恩在《西游记》第六十六回中描写了妖怪黄眉大王追赶孙悟空，追得口渴时，看见一片瓜田便摘一个瓜吃，于是乎着了孙猴子的道，把孙悟空变成的西瓜吃进肚子，被那猴子在肚子里大闹了一番。不过，活该，谁叫那怪嘴馋，口渴了非要吃西瓜。不过就此也印证了，至少在明代，人们的日常生活中已经离不开西瓜了。

不过，并不是所有的古人都那么有福气能吃到这种东西，至少在商代，人们还不知道什么是西瓜。1990年拍摄的电视连续剧《封神榜》中，有一个镜头，姜子牙在市街卖面粉，其背景是一个西瓜摊，还有人在认真挑选着。看

李时珍（1518年—1593年）

徐光启（1562年—1633年）

17

五代时期（907年—960年）

来在"砰砰"的敲西瓜声和小贩的叫卖声中，西瓜的历史要被改写了。

西瓜，之所以得名，就在于它是一种原产于西域的瓜。现在通常的说法认为，西瓜是由五代时期的一个县令胡峤从回纥（我国北方和西北的少数民族）处得来，从此逐渐在我国普遍种植。不过，从现有的考古材料和研究成果来看，我国西汉时期已经有了西瓜种子，并且是通过"海上丝绸之路"传入到中国。

当然，也有人说1955年《光明日报》曾报道了在浙江省水田畈新石器时代晚期遗址中发掘出西瓜等植物种子的消息，随后被广为援引和传播，借以说明起源于非洲的西瓜在我国"有着更为久远的历史"。其实专家杨鼎新在《考古》第3期就撰文指出，他曾于1985年前往杭州考察，根据特征，这并非西瓜种子，而是葫芦或葫芦的变种的种

（徐光启）

子。因此，在上千年前的商代，还是请这些西瓜暂时退出历史舞台吧。

有一首儿歌这样唱道："西瓜西瓜圆又圆，红瓤黑子在里面，打来井水镇一镇，吃到嘴里凉又甜。"看来我们比商代人幸福，因为凉又甜的大西瓜，他们是无福消受咯！

还想知道更多吗？

请参看：《餐桌上的植物史》秦风古韵著 东方出版社2009年版（"西瓜"217页—220页）。

季氏家臣
费邑宰 公山狃

我是费邑司马公山狃

"公山狃"与公山不狃（niǔ）

　　虽然公山这个姓氏在现有的记录中仍有存在，但实际上姓此姓的人已经难考了。这个姓虽罕见，但"公山狃"还是在史书上有明确记载的，只是不叫公山狃，而是公山不狃。

公山狃，名有误，历史中，是不狃。

春秋时，鲁国人，本邑宰，后流吴。

孔子（前551年—前479年）

电影《孔子》中，公山狃是一个很重要的角色，公山狃是鲁国三桓之一的部下。他不满三桓的残暴统治，想诱使孔子和他一起谋反，可孔子不答应。后来，公山狃的军队于武子台被孔子用油锅打败，在镇压大军强大的攻势下被杀。在电影中，公山狃多与孔子交锋对峙，从刚开始搜寻漆思弓开始，两人结下梁子，随着后面的情节发展，二人正面矛盾冲突不断，演员的演绎可真谓精彩可叹。只是，这个角色的名字却有些让人寻思纳闷，公山是个什么姓，这个姓氏好像很奇怪。

其实，奇怪的不是不是这个姓，问题在于这个名字。因为公山是复姓，在《百家姓》中已有收录。《百家姓》中搜集复姓有60个。其中复姓中以"公"开头的有公羊、公良、公孙、公罔、公梁、公输、公上、公山等20余个姓氏，其中公山就列在其中。关于公山姓氏的来源，有说法它是源于周朝姬姓，传其先祖为周公姬旦之守陵人，后以此为姓。虽然公山这个姓氏在现有的记录中仍有存在，但实际上姓此姓的人已经难考了。这个姓虽罕见，但"公山狃"还是在史书上有明确记载的，只是不叫公山狃，而是公山不狃。

公山不狃，复姓公山，也有人叫他公山弗扰或公山不扰的。历史上的公山不狃是这样的：春秋末年，鲁国动荡不安，权力掌握在仲孙氏（孟氏）、叔孙氏和季氏三个大家族手中，公山不狃就是季氏家族中季桓子的家臣，也就是心腹。季桓子的父亲季平子死时，公山不狃曾经操办过当时的丧事，很受季桓子的赏识。因此，鲁定公五年（公元前505年），特地提拔公山不狃去季氏家族的封地费邑（今山东费县），管理当地的事务。但3年后，公山不狃和季桓子之间产生矛盾，而不被重用，因此公山不狃联合阳虎一同反对季氏，抓住了季桓子，没想到季桓子用计逃脱，阳虎兵败后逃亡齐国，其后又流亡吴国。但是，这个人很有爱国情操，在吴国准备攻打鲁国时，他就说："一个人离开国家，不应该因为有所怨恨而祸害乡土。"

从剧情来看，电影《孔子》里明明要说的是公山不狃，却不知为何沿用了公山狃，也不知出处。如果说是四个字当中有个不，显得拗口，就擅自改动，那就有些说不过去了。比如，大家都知道秦朝的吕不韦，要是也按这个原则改成吕韦，估计观众都得崩溃了。最后，还安排一个兵败被杀的下场，这也是一个小小的疑惑。

（焦秉贞《孔子圣迹图》）

还想知道更多吗？

请参看：《史记》韩兆琦译著 中华书局2007年版（"孔子世家"140页—179页）。

春秋时代有板凳吗

　　电影《赵氏孤儿》以春秋时期的历史故事为题材，却在其中不止一次地出现了凳子的场景，可惜那时的人们还不知凳子为何物，更不会想起来要舒舒服服地坐在上面了。

古时坐，用坐垫，说家具，名胡床。

现板凳，源西北，因马镫，才普遍。

中国人注重衣食住行，说到住首先是房子，其次就应该是房内的家具了吧？而家具中少不了板凳和椅子。现在，只要去家具市场转一转，椅凳可谓琳琅满目，只要慢慢挑选，总有一款心宜的。但是，古代人能否都有凳子和椅子坐呢？

古人在休息的时候，也是坐着的，但是他们所谓的"坐"，最早并不是坐在板凳上，而是坐在直接铺在地面上的筵或席的上面。筵、席都是一种用草或者是竹篾编制而成的坐垫。现在我们所能见到的席子，就是从它们衍生而来。人们坐在筵或者席上，坐姿通常为双膝着地，大腿和臀部自然落在小腿和双脚上，这种姿势一般很放松，《史记·项羽本纪》中有鸿门宴一节，说到"项王、项伯东向坐"，这时的坐，就是这种姿势。

那么，古人最早难道就是坐在筵或席上的吗？这也未必。古代有一种叫做床的家具，它与我们现在所看到的床不同，现代的床是睡觉用的，而古时最早的床不仅是卧具，还是一种坐具。《孟子》一书中，记载了舜帝的一个故事，说舜的弟弟象，到舜居住的宫中，看见"舜在床琴"，就是看见舜在床上弹琴。可想而知，舜肯定不会躺在床上弹琴，必定是坐着的。楚汉相争时，郦食其（yì jī）前去拜见刘邦，也看到刘邦"踞床"，让两个女子给他洗

郦食其（？—前
203年）

23

许慎（约58年—约147年）

脚。这里的"踞床"也是坐在床上的意思。东汉的许慎，编了一部字典，叫做《说文解字》，书中对床的解释就是"安身之几坐"，是一种坐具。

至于我们现在所能见到的凳子，则起源于西北少数民族地区。那里的人以游牧为生，经常要骑马，但是因为马太高，又没发明马镫，所以骑手必须要踩在一件高物上才能登上马背，这就是凳子的最早用途。随着马镫的使用，凳子逐渐从踩的功能转向坐的功能，魏晋南北朝时传入我国，宋代以后，凳子才在社会中普及开来，成为一种常见的坐具。

电影《赵氏孤儿》以春秋时期的历史故事为题材，却在其中不止一次地出现了凳子的场景，可惜那时的人们还不知凳子为何物，更不会想起来要舒舒服服地坐在上面了。

（孙位《高逸图》）

还想知道更多吗？

请参看：《汉唐流风：中国古代生活习俗面面观——衣食住行》王赛时著 山东友谊出版社2000年版（"家具"121页—125页）。

"百变金刚"的面条

　　如果看过《赵氏孤儿》的观众想必还记得，程婴是伴随着一碗热腾腾的面条出场的，妻儿惨死后，程婴靠面馆里的面汤养活了赵孤。暖暖的面汤养活了赵孤也温暖着观众的心。

长面条，历久远，最起初，是汤饼。

至唐代，成条状，元代后，流传广。

　　说起面条，这可是一种古老的传统食品，其历史悠久，源远流长，深受中国和全世界人民的喜爱。而这样一种广受欢迎的大众食品在我国是起源于何时何地呢？

　　我国专家曾在青海省的一个小村里的一个倒扣的碗里发现了中国乃至世界上最早的面条，其大约出现在4000年前。不过这种最早的面条并不是由面粉做成，而是由小米做成。真正意义上由面粉做成的面条我们一般认为开始出现于汉朝。在东汉《释名》一书中有最早关于面条的记载，那时称之为"汤饼"。由于它的制作方法是一只手托面，另一只手撕面，在锅边按扁，然后放进水中，所以早期的面条并不是条状，而是饼状。现在在中国农村有的地区还在用此方法制作面食，我们称之为清汤疙瘩。

　　后来，在魏晋时期出现"水引饼"，就是一种长一尺，"薄如韭叶"的水煮面食。到了唐代，面条已发展为今天的条状了，并出现了一种新品种，叫"槐叶冷淘"的过水凉面。宋代时，面条花样逐渐增多，一种"梅花汤饼"很有名，据说这种梅花饼是用白梅花、檀香末浸泡过的水和成薄面皮，再用梅花状的铁模子凿成一朵朵"梅花"，煮熟后再捞入鸡汤中，汤鲜而"花香"让人欲罢不能。到了元代，面条家族扩大，出现了"挂面"，而且漂洋过海，开始了海外之旅，后被旅行家马可·波罗引入意

马可·波罗（1254年—1324年）

26

大利，并由此传遍欧洲。再说说清代的面条吧，其中最著名的莫过于"伊府面"。传说清代著名书画家伊秉绶，在其任扬州知府期间，为了为母亲庆寿，他命厨师专门创制的一种油炸鸡蛋寿面，备受称赞；后来常以此面待客，因而得名。这菜谱一待流传出来，人们纷纷效仿，并将这种面称为"伊府面"或"伊面"。由于它与现代的方便面有相似之处，所以又被喻为方便面的"鼻祖"。

伊秉绶（1754年—1815年）

如果看过《赵氏孤儿》的观众想必还记得，程婴是伴随着一碗热腾腾的面条出场的，妻儿惨死后，程婴靠面馆里的面汤养活了赵孤。暖暖的面汤养活了赵孤也温暖着观众的心。可这温暖过后再仔细一想，程婴吃面条？生在春秋的程婴能吃上汉代才真正出现的面条？虽然那个时候小麦已经普及，但也只是脱粒去壳之后直接食用，真正的面粉都还没有出现，哪里来的面条？要想吃上真正的面条估计程婴和赵孤还要再活几百年吧。

程婴（？—约前583年）

（马可·波罗）

还想知道更多吗？

请参看：《汉唐流风：中国古代生活习俗面面观——衣食住行》王赛时著 山东友谊出版社2000年版（"面条"45页—48页）。

玉漱公主的水墨画

　　玉漱公主第一次到咸阳，一边给秦始皇跳起了舞蹈，一边画起了水墨画，玉漱公主真是多才多艺，不仅会跳舞还会画画，而且画的还是唐朝才出现的水墨画。

水墨画，始于唐，分南北，派不同。

秦时人，莫知名，如此画，当嫌早。

水墨画，很自然地让人想起国画，它是中国绘画的代表，也是狭义上的"国画"，它在民族传统绘画中占有很重要的位置。

水墨画的的出现相传开始于唐代，强盛的国家实力为绘画等文化艺术的发展提供了十分有利的条件。在这样的环境下，唐朝水墨画名家辈出，形成了以李思训父子为代表的北派和王维等为代表的南派两个画风截然不同的派别。

李思训，因为作战有功被封为左武卫大将军，人称大李将军。其祖父李叔良是唐高祖李渊的堂弟。大李将军他的画工极为超绝，尤其善于画山石林泉，能达到云霞缥缈、隐现自如的微妙境地。传说有一次，唐明皇召李思训画大同殿壁画和掩障。一天晚上，皇宫中居然听到水声，唐明皇说李思训一定是通神的佳手。

王维，是当时南派的代表人物，自幼聪慧过人，多才多艺，是诗人兼画家，所以他的画很有诗情。苏轼曾这样说道："读王维的诗，诗中有画；看王维的画，画中有诗。"所以，王维的山水画对后代的影响很大，被称为"南宗鼻祖"。

五代至北宋是中国水墨画的成熟阶段，山水画有了新的发展。著名的山水画家荆浩，通晓经史，善于做文章。董源所创造的水墨山水画新格法，得到巨然和尚的追随，后世常以"董巨"并称。宋代，因为崇尚文人治国，画家在生活待遇上和政治地位上较之过去有很大的提高。尤其是宋徽宗时期，绘画成为科举制的一部分，极大地推动了宋代绘画的发展。

元朝是中国水墨画发展的又一个高峰，出现了黄公望等著名的"元四家"。其中黄公望绘制的《富春山居图》有"画中之兰亭"的美誉，是中国十大传世名画之一。到了明清之际，中国的水墨画无论在技法还是在理论上都更加成熟。画派的建立也很活跃，先后出现过浙派、吴派等10多个派别，涌现出八大山人、扬州八怪等一批著名的水墨画家。

说到这里，我们再来看看电视剧《神话》中的这一幅水墨画吧，玉漱公主第一次到咸阳，一边给秦始皇跳起了舞蹈，一边画起了水墨画，玉漱公主真是多才多艺，不仅会跳舞还会画画，而且画的还是唐朝才出现的水墨画。秦朝到唐朝相隔800多年，当时的秦始皇可都没见过水墨画，这几百甚至上千年后才出现的水墨画就这样飘然而至玉漱公主的手下，悲情公主玉漱在剧中又被编导这样无情地悲剧了一把。剧情虽然浪漫，但情节却大可商榷一番。

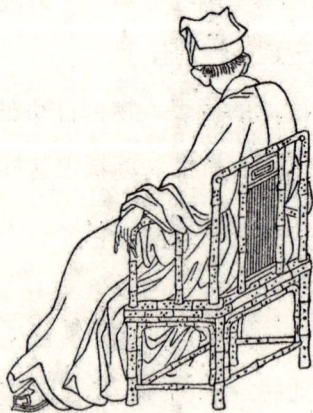

（《晚笑堂竹庄画传》王维）

还想知道更多吗？

请参看：《中国绘画史》〔日〕内藤湖南著 栾殿武译 中华书局2008年版（"唐朝的绘画"21页—43页）。

呀呀，是的！

这不会就是
三碗不过岗？

带着酒坛一起穿越

电视剧《神话》中，易小川穿越到秦国时，没想到遇到一个卖酒的店家，小川问"这不会就是那什么三碗不过岗吧？"小二竟然微笑地说："是！"好坚定的语气啊，就凭这句话，就应该给他颁发一块写有"穿越劳动模范"的大金牌，他比小川要辛苦多了。

《神话》中，已穿越，多一处，并无奇。

不过冈，是武松，店小二，哪能知？

提到酒，中国人是再熟悉不过的了。相传，夏代的国君杜康最早发明了酒，成为后代制酒业公认的祖师爷。曹操的《短歌行》中就留下"何以解忧，唯有杜康"的诗句，成为后世一醉解千愁的典范。唐代的大诗人李白，也爱喝酒，而且越喝越能作诗。杜甫曾经形容他为"酒中仙"。《红楼梦》中的史湘云，也有"醉卧芍药裀"一回，四面芍药花飞了一身。这些都可以叫做"文醉"，文人的醉更能烘托出他们的才俊之气和风流倜傥。

有"文醉"就有"武醉"，所谓的武醉，就是武人喝醉后的模样，这可不是酒后闹事，胡言乱语。真正的"武醉"，讲究的是酒后的英雄之气。辛弃疾的《破阵子·醉里挑灯看剑》就刻画了武将的醉，"醉里挑灯看剑，梦回吹角连营。八百里分麾下炙，五十弦翻塞外声，沙场秋点兵"，豪迈之中更透出一种大抱负。

辛弃疾（1140年—1207年）

小说中也有武醉，《水浒传》中武松爱喝酒，爱大碗喝酒，话语轩昂，性格直爽。但凡涉及武松的精彩之处，多半和酒有关，比如景阳冈打虎、醉打蒋门神、醉打孔亮，都带有酒后的一份霸气。

看过《水浒装》的人都知道武松打虎，武松要去清河县找他的哥哥武大，路过阳谷县内的一家酒店，酒旗上明明写着"三碗不过冈"，他非要多喝，店主告诉他卖的酒度数高，劝他别再喝，他却说店主看他没钱，又说酒里有蒙汗药，最后还要砸了酒店。吓得店主不敢说话，只好由他喝了15碗。临走时，别人好心告诉他，离酒店不远的景阳冈上有老虎吃人，他又说这酒店是个黑店，把客人留下来后，好半夜三更时害人性命。直到自己上了景阳冈，才看到官家榜文，确实有老虎出没，才害怕。他本想回到酒店去，又想当然地认为店主肯定嘲笑他，于是说了一句"怕的不是好汉"给自己壮胆。结果真碰上了老虎，所幸武松武艺高强，又借着酒劲，把老虎打死了，成了打虎英雄。于是这"三碗不过冈"就随着武松正式步入好汉行列而深深地印在读者的脑海中。

电视剧《神话》中，易小川穿越到秦国时，没想到遇到一个卖酒的店家，小川问"这不会就是那什么三碗不过岗吧？"小二竟然微笑地说："是！"好坚定的语气啊，就凭这句话，就应该给他颁发一块写有"穿越劳动模范"的大金牌，他比小川要辛苦多了。小川只是带了些小东西穿越，而他扛了不知多少坛酒穿越，累都累死了！另外，小川把"冈（gāng）"错读成了"岗（gǎng）"，殊不知，武松打虎的地方是景阳冈，虽也有写作景阳岗的，但是读音一定是gāng。

（武松）

还想知道更多吗？

请参看：《中国古代的衣食住行》许嘉璐著 北京出版社2002年版（"酒"91页—98页）。

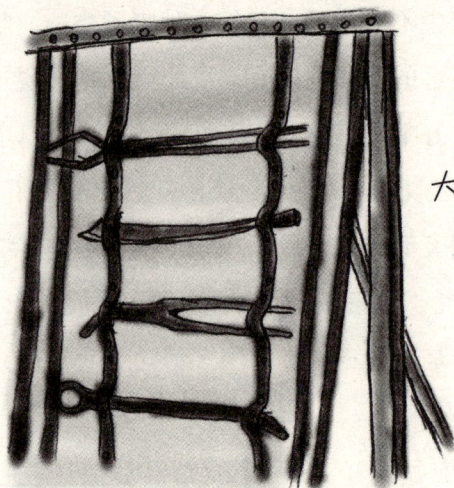

大秦五刑之法

谁动了秦代的“五刑”

　　电影《鸿门宴》中范增下棋，绑上张良的死士来行五刑，上面赫然说道秦朝五刑：刺面、割耳、斩手指、斩首、剁成肉泥。看到这里，大家都会有点懵了，难道是嫌秦朝的五刑还不够严酷，割去罪犯的鼻子、砍去他们的脚趾还不够，还要再把他们的耳朵也割掉、手指也砍掉吗？

墨劓刖，宫和辟，是五刑，秦实行。

虽有变，或反复，多通行，成定名。

　　杀头是中国死刑中最常见的一种，但这是一种通俗的说法。古人称杀头叫大辟，其他的刑罚还有四种，分别是"墨、劓、刖、宫"，这五种刑罚统称为五刑。五刑是中国古代五种最基本的刑罚制度，它起源于中国古史的传说时代。一种说法认为其起源于传说中的蚩尤时代，另一种说法认为其起源于传说中的尧舜时期。

　　这五刑是根据犯罪轻重的不同等级所设立的。比如墨刑，又称黥刑，是指在犯人脸上刺字或刻其他印记，再染以黑色。墨刑历史悠久，墨又称为黥。它是五刑中最轻的刑罚，一般作为耻辱刑。最为典型的是秦朝末年、西汉开国之初一位著名的将军——英布，他是刘邦手下的一名大将，在蜀汉相争中立下汗马功劳。因为他在秦时，受到过墨刑的惩罚，所以他又被人称为黥布。劓刑，即割去犯人的鼻子。劓刑是比墨刑重一等的刑罚。古代把割鼻作为"天罚"。刖刑，又叫剕、膑。刖即断足，膑指去膝骨。夏朝刑法用膑，周改膑作刖。战国时孙膑就曾受到此刑，被魏将庞涓剔除膝盖。这三种刑法至汉文帝时废止，后虽偶有朝代或个别统治者复用，但早已不是官方规定之刑。宫刑，又叫腐刑或下蚕室，是残害男女生殖器的刑罚，宫刑可能在汉文帝时也被正式废除，但在历史上存废反复，隋朝再次正式废止。大辟即死刑，其方法根据朝代的不同

英布（？—前195年）

庞涓（？—前342年）

35

而有变更，主要有：斩（用斧砍头）、杀（用刀杀之于市）、搏（剥去衣服而磔之）等。

中国封建社会初期，秦朝以法家思想治国，用繁法、重严刑，虽然在其法律体系中无"五刑"之名，而事实上却有"五刑"之实，且比之夏、商、周时期五刑的严酷性有过之而无不及。如墨刑在秦以前是不对妇女适用的，但秦法严酷，不论男女都适用墨刑，更别提劓刑和刖刑了。据《盐铁论》中记载说在秦代割下的鼻子可以堆成堆，砍下的脚可以装满了车。死刑更是被广泛地采用，其刑种繁多、内容残酷，实在是惨无人道。

电影《鸿门宴》中范增下棋，绑上张良的死士来行五刑，上面赫然说道秦朝五刑：刺面、割耳、斩手指、斩首、剁成肉泥。看到这里，大家都会有点懵了，难道是嫌秦朝的五刑还不够严酷，割去罪犯的鼻子、砍去他们的脚趾还不够，还要再把他们的耳朵也割掉、手指也砍掉吗？至于把罪犯剁成肉泥那是商纣王的爱好，可不能把这个强加给秦朝，虽然秦朝的五刑很严酷，但也是有律法规定的。

（《晚笑堂竹庄画传》项羽）

还想知道更多吗？

请参看：《中国古代法制史话》李用兵著 中共中央党校出版社1991年版（"秦代的严刑酷法"43页—46页）。

葡萄和汗血宝马

电视剧《楚汉传奇》中，秦二世居然吃到了这么一串大葡萄，可这时离葡萄传入中国还有100多年。虽然他是皇帝，但他终究是没有这个口福了！

秦二世，重吃喝，不知道，民饥渴。

红葡萄，滋味美，至汉时，方传入。

葡萄，现在已经成为民众餐桌上常见的水果之一，不论在中国的任何地方，总会有葡萄的身影。人们不但吃葡萄，在新疆等地，人们还把葡萄干燥，制作出香甜的葡萄干，深受大众喜爱。另外，葡萄酒更是酒类中的名品，几百年来经久不衰。然而，葡萄这种东西，并不是中原的产物，我国引进葡萄大约在汉武帝时期。

汉武帝时期，是西汉最为强盛和发达的时期，由于汉武帝的祖父和父亲，汉文帝和汉景帝时，采取了休养生息的政策，国内政治稳定，经济发展。到汉武帝时，国力渐趋强盛，汉朝有了与北方游牧民族匈奴一战，以稳定北方边界的资本。

张骞（？—前114年）

建元二年（公元前138年），为了消除匈奴的影响，汉武帝派张骞，从陇西（今甘肃省临洮县）出发，出访西域一个叫大月氏的国家，以期能两国联合，共同击败匈奴，这一去就是10多年。这一次出使，并没有得到预期的效果，因为大月氏人已经安居乐业，不想打仗了。不过，张骞出使西域的途中，却了解到了很多异国的风土民情，当他回国后，向汉武帝报告了自己途径大宛国、大月氏、大夏国、康居国等情况，受到了汉武帝的重视，从此汉朝和西域的联系进一步密切起来。

然而，这时却出现了一件不愉快的事情。张骞出使西域后，有人在大宛国发现了一种马，这种马奔跑的速度很快，耐力又好，流出的汗水就像血水一样，因此又称"汗血宝马"。汉武帝听说有这种马，十分喜欢，就用黄金铸造了一匹马，命使者送到大宛国去交换一匹"汗血宝马"，不想大宛国王拒绝了汉武帝的要求，汉使也在途中被杀。这让汉武帝十分恼火，于是就命李广领兵攻打大宛。最后，大宛国实力不济，他们杀了自己的国王，并向汉朝投降，并献出汗血宝马，供汉朝军队随意挑选。

过了约一年的时间，大宛国内又发生政变，新国王在上台后，就把自己的儿子送到汉朝来，以表示对汉朝的臣服。汉使者又来到大宛国和国王定下条约，以后每年进贡汗血宝马两匹，并从该国带回了葡萄和苜蓿的种子。之所以取这两种植物的种子，是因为大宛国及周边地区的人都种植葡萄，还制作葡萄酒，有的富人家里藏有数万石的葡萄酒，那里的人都喜爱喝。而苜蓿则是饲养汗血宝马的上等饲料。

从此以后，葡萄就在中国扎下根，据史料记载，因为外国使臣为数众多，汗血宝马也与日俱增，汉武帝就在宫殿周围种植了大面积的葡萄和苜蓿，一望无际。

唐朝贞观十四年（公元640年），唐太宗命交河道行军大总管侯君集率兵平定高昌。高昌历来盛产葡萄，在南北朝时，就向梁朝进贡葡萄。《册府元龟》中说：唐朝破了高昌国后，收集到马乳葡萄放到院中，并且得到了酿酒的技术，唐太宗把技术资料作了修改后酿出了芳香酷烈的葡萄酒，和大臣们共同品尝。这是史书第一次明确记载内地用西域传来的方法酿造葡萄酒档案。

电视剧《楚汉传奇》中，秦二世居然吃到了这么一串大葡萄，可这时离葡萄传入中国还有100多年。虽然他是皇帝，但他终究是没有这个口福了！

（徐渭《墨葡萄图》）

汗血马，又名汗血宝马、大宛马、天马，是中国汉朝时，西域大宛出产的一种良驹，是山地马种，蹄坚硬，可"日行千里"。马史学者认为，汗血宝马其实就是现存于土库曼斯坦的阿哈尔捷金马。20世纪的研究表明，这种棕红色的汗血是由寄生虫所造成。

还想知道更多吗？

请参看：《张骞通西域》冯惠民著 中华书局1979年版（"出使月氏"8页—14页）。

我要嫁的是
泗水亭长刘季

吕雉为什么嫁给刘邦

在电视剧《楚汉传奇》中，那姓吕的一家也是避仇敌逃到沛县来，而避仇敌的原因，历史没有记载，电视里给加了个吕雉撕毁原先的婚约，得罪了夫家的原因。嫁给刘邦，也和她的父亲无关，是她自己的主意，就有点莫名其妙了。

说吕后，嫁刘邦，是其父，识英杰。

婚嫁娶，父母命，己钟情，难以信。

刘邦（前256年—前195年）

吕雉（前241年—前180年）

　　说到西汉初年的历史，不管是史书还是影视剧，都要提到刘邦，提到刘邦就不可避免要涉及他的结发妻子吕雉。吕雉就是我们在电视中常见到的名叫吕后的，她之所以有这么高的知名度，和她在刘邦死后，大肆揽权，不仅在后宫独当一面，甚至几乎夺了刘家天下，有很大关系。因此，司马迁专门在《史记》中为她写了一篇只有帝王级人物才享有的本纪，名曰《吕太后本纪》，让她的名字和刘邦一样名垂千古，但是，又因为就只有这么一篇文字，所以为我们留下了无限了遐想空间。

　　历史上，刘邦和吕雉到底是怎么结婚的呢？据史书记载，刘邦是沛县（今江苏沛县）人，字季，因此又叫刘季。他的出身有传奇色彩，据说他的母亲刘媪有一次在大泽边睡觉，梦中与神人交媾，他的父亲在当时也看见一条龙盘在她身上，于是她怀了孕。刘邦长大后，生的高鼻梁、长脖子、大额头，胡须也很漂亮，左大腿上还长有72颗黑痣，模样倒颇有几分传说中龙的样子。就因为他长得奇怪，又是沛县泗水亭的亭长，所以大家反而不敢轻视，常常照顾他。有一次，沛县的县令招待一位朋友，这位朋友姓吕，因为在老家得罪了人，才拖家带口逃到这里。县令当时隆重地招待了他们，并请了县里有头有脸的豪杰前来相陪。因为人来的太多了，于是就规定，带来的贺礼如果不值1000钱的，不能上客厅，只能在客厅外坐着。当时，刘邦也过来凑热闹，他身边一分钱也没有，靠着旧日关系，骗人说自己带了10000钱。等到了客厅门口，正撞上那个姓吕的。谁知他一看到刘邦的奇怪模样，就觉得他以后一定能大富大贵。别人跟他说，刘邦这人满嘴大话，其实一事无成。他不仅不听，等酒席散了后，还非要把女儿吕雉嫁给刘邦，过穷日子不可。把他的老婆气得要死，责怪他：和你关系这么铁的沛县县令，想娶咱们女儿，你都不同意，现在倒好，把女儿许配给这么一个骗子。可是他认死理，最终把女儿送了过去。这样，吕雉才成为刘邦的老婆，之后生下了以后的汉惠帝和鲁元公主。吕雉跟着刘邦打天下的过程中，也吃了不少苦，曾经做过项羽的俘虏，不过最终还是化险为夷，成了皇后。

在电视剧《楚汉传奇》中，那姓吕的一家也是避仇敌逃到沛县来，而避仇敌的原因，历史没有记载，电视里给加了个吕雉撕毁原先的婚约，得罪了夫家的原因。嫁给刘邦，也和她的父亲无关，是她自己的主意，就有点莫名其妙了。但是，很明显，这吕太公是没有看出刘邦的"奇人异像"，心里一直在犯嘀咕，实在是心不甘，情不愿，只是为了自家的安危，才同意这桩婚事。这种解读实在是偏差了不少。

（《晚笑堂竹庄画传》刘邦）

还想知道更多吗？

请参看：《史记》韩兆琦译著 中华书局2007年版（"高祖本纪"91页—138页）。

刘邦

菠菜

刘邦能吃到菠菜吗

电视剧《楚汉传奇》中，刘邦到厨房去端菜，案板上分明摆放着一堆菠菜，而且还是生于北方的大菠菜，秦汉之交的历史剧出现唐代的蔬菜，这刘邦口福真是不浅啊！

青菠菜，绿油油，能清热，又解毒。

贞观时，被传入，虽外来，受欢迎。

菠菜，在中国是一种再常见不过的蔬菜了，一年四季，只要喜欢，总能被摆上餐桌，或炒或煮，或凉拌或做汤，甚至成为包子饺子一类的馅儿料。菠菜在全国均有种植，北方的菠菜茎长叶宽，若处理不好还会伴有些许苦涩的味道。而在南方情况则不同，菠菜显得细小娇嫩，容易烹制，品尝起来还有淡淡的甜味，所以也更受食客的欢迎。

已故著名相声表演艺术家刘宝瑞先生曾经说过一段经典的单口相声《珍珠翡翠白玉汤》，开头一段说的是元末农民起义领袖朱元璋饥寒交迫，患了感冒，在一所破庙门前晕倒，被两个乞丐用乞讨来的糊饭碎米粒、馊豆腐和烂菠菜叶等熬了一锅汤救活的故事，这里的"翡翠"指的就是菠菜叶。虽然这只是一个笑料，不过朱元璋倒是可以吃到菠菜，因为元末明初时，菠菜早已在中国普及了。稍晚一时的《本草纲目》中也记载了菠菜，当时人们把它称为"波斯草"，有通血脉、开胸膈、下气调中、止渴润燥的功效。不过，我们是否知道，菠菜其实应该属于"外来物种"呢？

朱元璋（1328年—1398年）

菠菜的"菠"字，最早写成"波"，它原产于古代的波斯（今伊朗），在两千多年前，波斯人就已经开始人工种植了。唐太宗时，吐蕃国（约今西藏地区）的西边有一个叫"泥婆罗"的国家（今尼泊尔），泥婆罗国早先发生了一次军事政变，国王那陵提婆的父亲被他的叔父所杀，那陵提婆为躲避灾难，逃到了吐蕃国。等军事政变平息后，那陵提婆回到泥婆罗国，并向吐蕃国称臣。贞观年间，唐太宗李世民派遣李义表出使天竺（今印度），途中路过泥婆罗国，因为吐蕃和唐朝此时的关系良好，所以李义表受到那陵提婆的热烈欢迎。贞观二十一年（公元647年），那陵提婆派遣使者来唐，并向唐太宗献上了波棱、酢菜和浑提葱等贡品，其中的波棱就是菠菜，从此菠菜就在中国安了家。

李世民（599年—649年）

菠菜刚传入中国时，受到了炼丹道士的欢迎，因为它能够清热、解毒、润燥、通便。在唐代，炼丹之风犹存，菠菜就成为一种解毒药物被人们所接受和利用了。

那陵提婆送来的菠菜，唐太宗是否品尝，现在已经无从查证了，后人只留下一段史料，证明了菠菜传入中国的历史。电视剧《楚汉传奇》中，刘邦到厨房去端菜，案板上分明摆放着一堆菠菜，而且还是生于北方的大菠菜，秦汉之交的历史剧出现唐代的蔬菜，这刘邦口福真是不浅啊！

（朱元璋）

还想知道更多吗？

请参看：《餐桌上的植物史》秦风古韵著 东方出版社2009年版（"菠菜"41页—42页）。

一片红红的辣椒

　　看看《美人心计》剧中，田大业家门前挂着一片红红的辣椒，这一串串红色晃动着我们的眼睛。可是仔细一想，这个辣椒挂的是不是太早了点，辣椒自明代才传入，这时候还是汉代呢，直接跳过唐宋，把明代的辣椒挂在汉代的墙上，太心急啦。

说辣椒，洋蔬菜，明朝时，传进来。

西汉初，还太早，在中国，看不了。

辣椒原本是一种洋蔬菜，它原来生长在中南美洲热带地区，祖籍墨西哥，后来哥伦布发现美洲之后，看到辣椒，如获至宝，把它带回了欧洲，此后辣椒就在全世界遍地传播开来，几经周折，最后大约在明朝传入中国。

传说辣椒传入中国大概有两条路，一条是陆路，是经丝绸之路传入，在甘肃、陕西等地栽培，古人称它为"秦椒"；另外一条是明朝末年由东南亚海路传入，在广东、广西、云南等地栽培，因此辣椒又叫海椒。因为是茄科植物，也有人喊它辣茄，它还可以叫番椒、辣子、秦椒等，总之它的名号很多。

在辣椒刚传来的时候并不是作为食用而是作为观赏的，因为辣椒这种植物，绿叶红果，身体细长，看起来明艳动人，因此在刚传入的时候很多人是把它作为观赏花卉去栽培。

很多古人喜欢在自己门前挂上一串或几串红红的辣椒，远远看去红红的一片，显得漂亮、喜庆。即使今天的东北很多人家还保持着这个传统，门口挂上一串红红的辣椒。因此很多影视剧在拍摄的时候也喜欢把一串串红红的辣椒作为道具挂在院前、客栈门口……

看看《美人心计》剧中，田大业家门前挂着一片红红的辣椒，这一串串红色晃动着我们的眼睛。可是仔细一想，这个辣椒挂的是不是太早了点，辣椒自明代才传入，这时候还是汉代呢，直接跳过唐宋，把明代的辣椒挂在汉代的墙上，太心急啦。

如果说辣椒仅仅作为观赏那就太浪费啦，随着时间的推移，聪明的古人就发现辣椒这种植物不仅可以观赏，还可以食用呢，原来这种植物的味道和我们古人以前用的花椒很像，很快古人就用辣椒代替了花椒并迅速在中国传播开来，到清朝乾隆年间，四川等地区甚至出现每顿没有辣椒就动不下去筷子，大多数的汤里都要放辣椒的情况。说到辣椒它的用处还不止于此呢，它还有药用的功效，因为味道辛辣，它可以消水肿、去瘴毒等。但是，窦太后可是没有办法吃到的。

（《科勒药用植物》1897年辣椒）

还想知道更多吗？

　　请参看：薛党辰、陈忠明编著《辣椒、辣椒菜、辣椒文化》上海科学技术文献出版社2003年版（"辣椒文化"137页—175页）。

姓"胡"的胡萝卜

电视剧《美人心计》中，窦漪房要为刘恒精心熬制一锅稀饭。在厨房的台子上正摆着那么几根新嫩鲜美的胡萝卜，夺人眼球。估计这是一锅应时的时鲜蔬菜粥。

胡萝卜，名姓胡，虽传入，时不详。

有自元，有自汉，有可能，是张骞。

　　植物也有姓，而且根据它们的姓氏可以判断出它们的来源。已故农学家石汉生先生认为：大凡姓"胡"的蔬菜很多是两汉西晋时由西北传入的，如胡姜、胡桃等；大凡姓"海"的蔬菜，大多是南北朝以后从海外引入的，如海枣、海棠等；大凡姓"番"的蔬菜，多数是南宋至元明时经"番舶"传入的，如番薯、番茄等；大凡姓"洋"的，则大多为清朝时由外传入，如洋葱、洋姜等。正是这些来路众多的洋蔬菜丰富了我们的蔬菜大家庭。

　　胡萝卜，一看这个姓"胡"就知道它并非是中原产物，它原产于亚洲西南部，祖先是阿富汗的紫色胡萝卜，有两千多年的栽培历史了。在10世纪时从伊朗传入欧洲大陆，由于地域的差异，阿富汗的紫色胡萝卜逐渐演变为短圆锥桔黄色的欧洲胡萝卜。传入中国后，它很快又入乡随俗，变成我们日常所见的长根形的中国胡萝卜。

　　至于胡萝卜这种洋蔬菜是什么时候传入中国的，当下有不同的说法。大多数的人认为是元朝时传入，在李时珍《本草纲目》中就说，胡萝卜是元朝时从西域传过来，因为气味像萝卜，因此叫胡萝卜。然而这种说法有一部分人是持反对意见的，因为在我国南宋唯一的官方药书中记载了新增加了六味药，其中一味药就是胡萝卜，说明宋代就有胡萝卜了。可是这时的胡萝卜还不是最早的"首发式"。

李时珍（1518年——1593年）

在清代乾隆年间有这么一段介绍胡萝卜的文字，说胡萝卜有红、黄两个种类，味道甘甜，可生吃也可以烧熟吃。于是，有人题诗说要不是张骞去西域，哪里有这么好的种子从西域传来呢。这就把胡萝卜传入我国的时间又推前到西汉汉武帝时期。但是，对于这种说法，也有不少疑点呢。因为《史记》中仅仅记载了张骞从西域带回了苜蓿、葡萄种子，并未提到胡萝卜，因此胡萝卜究竟是不是西汉汉武帝时期张骞从西域带回还不能完全断定。

但有一点可以肯定，无论是元朝、西汉武帝时期还是元朝到西汉中间的某一时期，在张骞没有出使西域前，皇帝、诸王、王后也都吃不到胡萝卜的。

电视剧《美人心计》中，窦漪房要为刘恒精心熬制一锅稀饭。在厨房的台子上正摆着那么几根新嫩鲜美的胡萝卜，夺人眼球。估计这是一锅应时的时鲜蔬菜粥。胡萝卜的确很有营养，可当时人家还在西域的地里长着呢，要是硬将其隔空拔来放在汉朝皇宫的厨房里，真是太不可思议了。

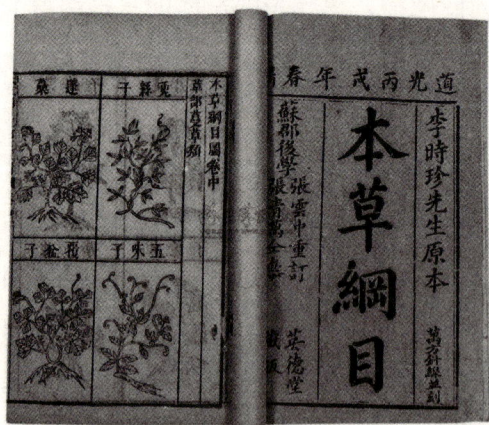

（《本草纲目》）

还想知道更多吗？

请参看：《餐桌上的植物史》秦风古韵著 东方出版社2009年版（"胡萝卜"50页—51页）。

这个药里肯定有胡椒粉

不可小看的胡椒

　　窦漪房的舅母碧君混进代宫中想要考医女，为了应付医官的测试，事先偷偷在药材中混入胡椒粉，以便在考试时一闻就知道药材里有什么，以显示自己医术高明。

小胡椒，大香料，味辛辣，可佐餐。

舶来品，非国产，西晋时，见记载。

胡椒，作为一种香料，是调味品的一种，又称玉椒、浮椒，在我国两广地区和马来西亚等地还有“古月”之称。其实这胡椒并不是椒，李时珍曾这样解释它的名字说：胡椒，因为其味道辛辣似辣椒，又因为从胡地得来，故而得名胡椒。

可别小看这胡椒，它的身世并不简单，它原不是中原产物，而是一种舶来品。仅是关于它的产地，汉文史料中就有4种说法。一是印度说，我们的《后汉书》卷八十八《西域传》中明确记载：天竺国（今印度），在月氏东南数千里，出石蜜、胡椒、黑盐。二是波斯说，这是正史中更为普遍的一种说法，即胡椒产于波斯。《隋书》中载：波斯国多良马、大驴、胡椒、石蜜等。三是西域说，这是一种笼统的说法，认为胡椒出自于西域，《齐民要术》卷四载：“胡椒出西域”。四是南海说，唐人李珣的《海药本草》中记载了胡椒的另一个产地为南海。徐表的《南州记》中亦记载，它生于南海诸国。

胡椒虽是舶来品，在中国却有着悠久的历史，它传入中国的时间不晚于两晋时期。汉文史料中最早记载胡椒的是西晋秘书监司马彪撰写的《续汉书》。其中说：“天竺国出石蜜、胡椒、黑盐。”说到这儿，再来看看《美人心计》中的这个胡椒吧。窦漪房的舅母碧君混进代宫中想要

司马彪（？—306年）

54

考医女，为了应付医官的测试，事先偷偷在药材中混入胡椒粉，以便在考试时一闻就知道药材里有什么，以显示自己医术高明。

我们现在可见关于胡椒的最早记载是西晋秘书监司马彪撰写的《续汉书》，也即是说胡椒的传入不会晚于两晋。但是到目前为止还没有看到汉朝有胡椒的明确记载，编剧怎么就能做如此大胆的推测呢，至少这是很有疑问的说法。

张骞（？—前114年）

按照目前的史料来看，即便胡椒能在汉朝出现，也最可能出现在张骞通西域之后，在汉初出现的可能性是微乎其微的。更何况胡椒在明朝初期还是和燕窝、人参等价的珍宝，不是普通人家能享用的，更别提汉朝了。作为一个普通亭长之妻的碧君怎么能如此熟悉这么罕见的物品呢？编剧不仅让胡椒传入中国的时间提前了，还让它飞入了寻常百姓家。要知道胡椒在普通人家出现那可是明朝万历年间后的事了。

（《张骞通西域图》壁画）

还想知道更多吗？

请参看：《餐桌上的植物史》秦风古韵著 东方出版社2009年版（"贪婪迷恋之胡椒"138页—142页）。

送太后娘娘和林昭仪
到北苑去

林昭仪还是林夫人

　　《美人心计》中的"林昭仪"是汉惠帝刘盈时代的人，而昭仪这一等级却是直到汉元帝时期才设置的，汉惠帝到汉元帝相差100多年呢。

汉元帝，示彰崇，次皇后，设昭仪。

汉惠帝，是刘盈，在此时，未设立。

昭仪，是封建社会皇帝妃嫔封号之一，是西汉元帝时才开始设置。汉元帝刘奭（西汉第十一任皇帝）时期，有一位傅婕妤，她不仅人长得漂亮，而且很有才华，善于为人处事，汉元帝很宠爱她，连她身边的宫女太监们都很喜欢她，那些宫女太监在祭天的时候都会把酒洒在地上祝傅婕妤长寿。此外，汉元帝还有一位冯婕妤，冯婕妤与其他嫔妃不同，她性格豪迈，做事果断而勇猛，胆识过人。《汉书》中记载，有一次，汉元帝与他的妃子们到虎圈观看斗兽表演，突然，有一只大熊窜出铁圈，朝着汉元帝奔来，他旁边的太监大臣们都作鸟兽散，傅婕妤也吓跑了。在这千钧一发之际，冯婕妤却十分镇定地起身挡住大熊。大熊一愣停止了攻击，左右的人乘机把熊杀死了。事后，汉元帝问冯婕妤为什么不怕，冯婕妤说：猛兽只要扑倒人就不会再去扑其他人了，我怕熊扑到皇上，因此挡住了熊。汉元帝十分感动，冯婕妤也因救驾有功，此后倍受汉元帝的宠爱。

两位婕妤都深受汉元帝宠爱，而且都生有皇子。汉元帝想给两位婕妤以特殊的地位。但是皇后只有一位，且尚在其位，于是，汉元帝在婕妤之上又设昭仪，取彰显女仪之意，以示隆重。他将傅婕妤和冯婕妤升为昭仪，以表彰她们突出的贡献。昭仪地位相当于丞相，在宫中地位仅次于皇后，在婕妤和其他嫔妃之上。

自汉元帝之后，魏晋至明朝都设置昭仪，历史上著名的女皇武则天就曾经被封为昭仪，清朝时昭仪封号被废止。说到这里，再回头看电视剧《美人心计》中的情节，估计观众就能觉出不对味了。《美人心计》中的"林昭仪"是汉惠帝刘盈时代的人，而昭仪这一等级却是直到汉元帝时期才设置的，汉惠帝到汉元帝相差100多年呢。所以编剧在这里犯了一个小错误，剧中林昭仪实际上应该被称为林夫人。

刘盈（前211年—前188年）

（《女史箴图·冯媛挡熊图》）

还想知道更多吗？

请参看：《帝国九重天——中国后宫制度变迁》朱子彦著 中国人民大学出版社2006年版（"妃嫔名号与等级"41页—60页）。

尤其是户部的主管

户部？

三省六部中的户部

华丰的父亲给妙人送来丰厚的礼品，想让他的儿子进户部，华老爷子真是厉害，他怎么知道几百年后尚书民曹会改名为户部呢？

说户部，先民曹，属尚书，权力小。

后到隋，分民部，因避讳，后改户。

户部，是中国古代管理国家财政及相关事务的中央机构，相当于今天的财政部。要说起户部这个名称，这并不是它的原名，它的来历可是有一段历史渊源的。

户部在汉代的时候称为尚书民曹，不过那时候的权力还比较小，仅仅是分管当时的户籍田宅，还与国家财政无缘，那时候的财政大权主要是由大司农掌握。

到了隋代，隋文帝开始对国家机构进行了调整，设立了三省六部，其中一部就是民部，分管全国的财政、赋税等，这才是真正意义上户部的雏形。

唐朝建立后，沿袭了隋朝这种三省六部中央机构的设置方式，到了唐高宗时期，唐高宗为了避唐太宗李世民的讳，将民部改为户部，成为中央六大部门之一，其长官称之为户部尚书（个别朝代称呼不同）。可以说，到这时户部作为六大中央机构之一的名称才真正确定下来。

说到这里，我们再来看看《美人心计》中的这个户部吧。华丰的父亲给妙人送来丰厚的礼品，想让他的儿子进户部，华老爷子真是厉害，他怎么知道几百年后尚书民曹会改名为户部呢？莫非他有先知预见的特异功能，能知道汉景帝刘启时期的尚书民曹会在唐高宗李治时期改名为户部？这汉文帝刘恒也真是奇怪，作为历史上的一位明君难道对自己国家的中央机构名称不知道吗？还是那么重要的

刘启（前188年—前141年）

李治（628年—683年）

60

一个机构。而且户部尚书、侍郎等职位因为位高权重、职责重大，若非才高八斗、学富五车者一般很难胜任，一个不学无术、胸无点墨的华丰还想担任如此重要部门的主管，难怪刘恒被气病了，这个玩笑可是开大了。

唐中期以后，因为户部的权力太大，皇帝开始对户部的权力有所限制，户部的权力逐步被架空。

明清之际，又恢复了户部应有的权力，户部不仅掌管财政，像救荒、漕运等民政部、水利部应负责的事都由户部统一管理，权力极大。不过清朝对此稍稍做了调整，提升了户部尚书副职侍郎的级别，将侍郎提升为正二品，且可以直接给皇帝上奏折，这样就削弱了户部尚书的权力。到清朝末年，户部逐渐被废，1912年，北洋政府改户部为财政部，户部结束了它的历史使命。

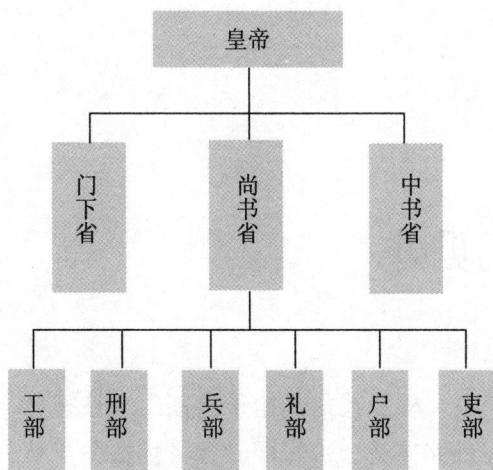

（唐朝的三省六部制）

还想知道更多吗？

请参看：《古代职官漫话》袁庭栋著 巴蜀书社1989年版（"六部与九卿"65页—72页）。

踏破铁鞋无觅处
得来全不费工夫

踏破铁鞋无觅处

　　《美人心计》中，墨玉找太医给子冉催生未被答应，突然得知碧君会催生之法，高兴地对子冉说这就叫"踏破铁鞋无觅处，得来全不费工夫"。这诗句就引用得太早了。

踏破鞋，无觅处，得来时，很容易。

南宋时，出《访道》，夏元鼎，先创始。

踏破铁鞋无觅处，得来全不费工夫。这句诗在我国可谓是妇孺皆知，它是形容急需的东西费了很大工夫都没找到，却在无意中得到。

冯梦龙（1574年—1646年）

很多人认为这句诗出自明朝冯梦龙的《警世通言》里，因为在书中说到这么一件事：令史金满在库房当差，有一次，被人盗了4锭元宝，遍寻不着，还让人误打了自己的家童。这时陆有恩发现了线索并告诉了金满，于是两人关上大门促膝长谈。金满自己找了半天盗贼不见，却被陆有恩无意中发现，这真是踏破铁鞋无觅处，得来全不费工夫。

但读过《水浒传》的读者又会对此提出异议了。因为，《水浒传》的第三十六回中，当混江龙李俊在揭阳岭李立开的人肉包子店里突然寻见了日思夜想的宋江时，心情非常激动，当即吟出四句诗：冤仇还报难回避，机会遭逢莫远图。踏破铁鞋无觅处，得来全不费工夫。

如果再翻翻古书，又会发现，这话古人早已经说过。其实早在《水浒传》100多年前的南宋时期就出现了这句诗。南宋有位道士，叫夏元鼎，相传他一生寻道，因此他又自称自己为云峰散人、西域真人。据历史记载，夏元鼎非常善于写诗，留下了许多脍炙人口的好诗，其中一首七言绝句《访道》：崆峒访道至湘湖，万卷诗书看转愚。踏破铁鞋无觅处，得来全不费工夫。这首诗本是写他为访道从崆峒到湘湖，行万里路，看万卷书，把铁鞋踏破都没有找到，却在无意间获得。

从这些资料来看，这首诗最早的出处，即出自于南宋时期夏元鼎的《访道》。《水浒传》中应该是借用和改造了这首诗。这首诗从写成之后被广为流传，不仅读书人知道，在民间口头语中也经常听到。所以，明代冯梦龙的小说中也将其纳入其文学作品中。

《美人心计》中，墨玉找太医给子冉催生未被答应，突然得知碧君会催生之法，高兴地对子冉说这就叫"踏破铁鞋无觅处，得来全不费工夫"。这诗句就引用得太早了。因为，这首诗的确是广为传颂，可这是南宋夏元鼎所著，身在西汉的墨玉哪里知道呢，更何况这是他访道写的诗，西汉时还没有道教，道教到东汉才出现呢。如果让西汉的墨玉引用了这首诗，夏元鼎若是泉下有知，也会觉得心里委屈得很。

（张路《老子骑牛图》）

还想知道更多吗？

请参看：《警世通言》〔明〕冯梦龙编 海南出版社1993年版（"第十五卷 金令史美婢酬秀童 149页—166页）。

奇文共欣赏

汉武帝知道陶渊明吗

　　电视剧《汉武大帝》中，汉武帝第二次出兵闽粤的时候，淮南王刘安写了一份劝谏书给太后，太后转给汉武帝，汉武帝战胜闽粤之后在朝议上让宦官春陀读这份劝谏书，竟然对群臣脱口而出"奇文共欣赏，疑义相与析"。

陶渊明，东晋人，隐士派，大诗人。

汉武帝，难仰慕，引用诗，不可能。

中国历史上有许多隐者，比如孔子所遇到的荷蓧丈人，就被孔子誉为是一个隐士。老子也是留下《道德经》后，骑着牛，飘然出关，做隐士去了。诸葛亮当然也是一个隐士，在仕途不如意的时候，去南阳隐居，直到刘备三顾茅庐，方才出山入世。《水浒传》中的浪子燕青最后也是感于政治纷争复杂难测，便独自隐退，埋名隐居。吴敬梓笔下的王冕，一生高风亮节，无欲无求，过得犹如神仙一般，引来多少文人士子们神往。另外，还有一些山水诗人，也都是"隐士文化"的推崇者。

王冕（1287年—1359年）

可见，在中国"隐士文化"颇为流行。只可惜推崇者有很多，实践的却很少。很少有人能真正地远离复杂世态，隐居于深山中，而不与尘世相联系。因此，隐士只是一个传说，我们只知道隐士们一星半点的故事。但是，我们非常熟识并且无比钦佩的真隐士——陶渊明却是真正的追求隐居生活的实践者。

陶渊明（？—427年）

陶渊明，名潜，字元亮，东晋末年人，因其居住地门前栽种有五棵柳树，世人又称其为五柳先生。他出身于没落仕宦家庭，曾任一些小官，过着不咸不淡的生活。直到他41岁出任彭泽县令后，因不愿为五斗米折腰，上任80多天便弃职而去，从此便义无反顾地归隐田园，过上舒适自在的生活。于是，他也成为中国第一位田园诗人，被称为

"千古隐逸之宗"。然而在陶渊明44岁时，他在柴桑县柴桑里的家宅被大火烧毁。义熙七年（411年），陶渊明携全家移居南里的南村，并作《移居》二首，其中的一首是：

昔欲居南村，非为卜其宅。

闻多素心人，乐与数晨夕。

怀此颇有年，今日从兹役。

敝庐何必广，取足蔽床席。

邻曲时时来，抗言谈在昔。

奇文共欣赏，疑义相与析。

令人高兴又困惑不已的是，陶公的这首诗不仅在后世广为流传，在他生活之前的前人也颇为欣赏。电视剧《汉武大帝》中，汉武帝第二次出兵闽粤的时候，淮南王刘安写了一份劝谏书给太后，太后转给汉武帝，汉武帝战胜闽粤之后在朝议上让宦官春陀读这份劝谏书，竟然对群臣脱口而出"奇文共欣赏，疑义相与析"。这里就有问题了，这可是东晋陶渊明移居南村后所做的《移居》中的句子，竟然被西汉的武帝给引用了。汉武帝纵然文韬武略，但也不能侵犯人家陶公的知识产权啊，从西汉到东晋时隔五六百年呢，要是陶公知道估计九泉之下也不能安宁吧。

（陶渊明）

还想知道更多吗？

请参看：《空谷幽兰》〔美〕比尔·波特著 明洁译 南海出版公司2009年版（"举世皆浊"39页—52页）。

我是建章宫里
最好的细作

汉代宫殿知多少

　　建章宫则是汉武帝在位后，于太初元年（前104年）为了显示大汉的国威和富足，重新在城外修建朝宫。在史书记载中，这个宫殿极其豪华，有"千门万户"之美誉。

长安城，规模巨，汉三宫，尤为丽。

长乐宫，太后居，建章宫，武帝立。

长安城，是中国七大古都之一。西汉、新莽、前赵、前秦、后秦、西魏、北周、隋、唐皆建都于此。汉代的长安城面积约36平方公里。在西汉时期，长安城是全国的政治、经济和文化中心，也是中国历史上第一座规模庞大、居民众多的城市。在这一座宏伟壮丽的古城中，曾经建立起多处金碧辉煌、美轮美奂的宫殿。长乐宫、未央宫、建章宫则堪称是中国的"汉三宫"。

西汉初期刘邦利用秦朝残留的离宫——兴乐宫修筑成长乐宫，后来即以长乐宫供太后居住，吕雉就居住于此。据说长乐宫的宫垣东西约2900米。随后汉王朝又在长乐宫的西面建未央宫，作为正式宫殿，皇帝居住此地，是朝会、布政之地。建章宫则是汉武帝在位后，于太初元年（前104年）为了显示大汉的国威和富足，重新在城外修建朝宫。在史书记载中，这个宫殿极其豪华，有"千门万户"之美誉。宫殿设有前殿、太液池、神明台、双凤雀等。《三辅黄图》中说明其宫殿的周长有20余里，是在未央宫西、长安城外。汉武帝为了往来方便，跨城筑有飞阁辇道，可从未央宫直接到达建章宫。在建章宫的建筑组群的外围还筑有城垣。除此之外，汉武帝时还在城内北部兴建桂宫、明光宫。

电视剧《美人心计》中说青宁是吕太后从建章宫派出

刘邦（前256年—前195年）

吕雉（前241年—前180年）

汉武帝（前156年—前87年）

来的最好的杀手，这恐怕就难为她了。首先汉惠帝时期，吕太后居于长乐宫，汉惠帝及后妃居于未央宫，因此，她应该是和太后住在长乐宫才对。其次，她要是想别立门户，也得说是未央宫，这时候的建章宫还没建立呢。因此，电视剧中所说的建章宫恐怕吕太后是住不上的，青宁也没法从那边出来。

因为建章宫规模宏大，宫制壮丽，它也成为后人遥想的帝宫盛处，成为一个富足繁荣的象征，成为诗文中不朽的传说。唐太宗曾经在《帝京篇》中赋诗："建章欢赏夕，二八尽妖妍。"陆游在《太息》中写道："建章宫里春风寒，太液水生池面宽。"元代杨维桢的《匹鸟曲》有："建章宫中匹瓦飞，太液浮起双红衣。"诸如此类诗句的画面，反映了建章宫内的歌舞升平，真是好一幅深宫盛世太平图。只可惜建章宫的宫殿建筑毁于新莽末年战火中，所有的繁荣都化作尘土。

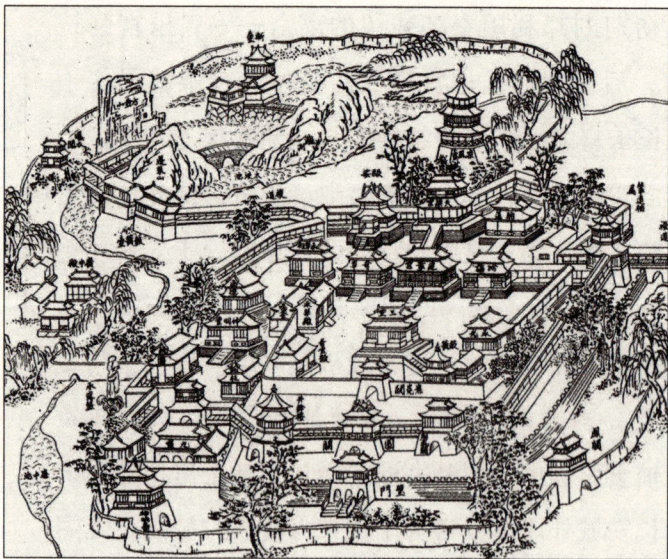

（清 毕沅《关中胜迹图志》汉建章宫图）

还想知道更多吗？

请参看：《中国古代都城》吴松第著 商务印书馆1998年版（"秦中自古帝王都"30页—37页）。

汉景帝

去细柳营

晁错

视察细柳营究竟是谁

在影视剧《汉武大帝》中，编剧直接把汉文帝视察细柳营的举动移花接木给了汉景帝刘启，说汉景帝与晁错前往细柳营视察周亚夫的军队，看到周亚夫治军有方后，汉景帝深受鼓舞，下定决心削藩。

汉文帝，抗匈奴，派亚夫，守长安。

细柳营，重治军，营门闭，戒备严。

匈奴，是活动于我国古代北方的一个少数民族，在很长的历史时期内对中原的安定构成了极大的威胁。汉高祖被迫采取了和亲政策，因此，短时间内赢得了和平，但并没有从根本上解决问题。汉文帝六年（公元前158年），匈奴出动大军，大举内犯。汉文帝派了三位将军带兵驻扎在长安附近：即刘礼驻扎在霸上，徐厉驻扎在棘门（今陕西咸阳市东北），周亚夫驻扎在细柳（今咸阳市西南），细柳营即是指周亚夫当年驻扎在细柳的部队。

汉文帝（前202年—前157年）

周亚夫（前199年？—前143年）

因这三路大军关系到社稷安危，汉文帝很是重视。一次，汉文帝亲自去这三支部队巡营慰问以激励士气。他们首先来到霸上和棘门的军营，未遇任何阻拦，直驱而入，两营主将亲自迎送，戒备松弛。随后，汉文帝又带着大臣们巡视细柳，只见营门紧闭，将士们头戴头盔，身披铠甲，戒备森严。汉文帝的导驾官喝令开门，但守卫军门的军官不为所动。汉文帝只得派使者持节进入军营中传谕将军周亚夫，说天子想来慰劳军队，周亚夫这才传令打开营门接驾。汉文帝的车队进入营门后，守门军士对汉文帝随从说：将军有令，营里不得纵马驱驰，汉文帝只得缓辔徐行。在汉文帝率群臣离去后，周亚夫马上命令关上营门，严整如故。

周亚夫的这一系列举动让很多人都替他捏了一把冷

汗，但汉文帝非常开明，不仅没有责怪他，反而赞叹他是一位可以担负重任的将领。因此，在汉文帝临终之际，他告诉太子（即汉景帝）说：周亚夫是真正的将军，如果将来国家有难，可让周亚夫统率军队，稳定大局。后来周亚夫就在汉景帝时成功平定了七国之乱。可惜，汉景帝没有他爹的胸襟，性情耿直的周亚夫最后被冤死狱中，一代名将落得个如此凄惨的下场。

历史如此残酷，而现实也和人开起了玩笑，没想到影视剧《汉武大帝》中，直接把汉文帝视察细柳营的举动移花接木给了汉景帝刘启，说汉景帝与晁错前往细柳营视察周亚夫的军队，看到周亚夫治军有方后，汉景帝深受鼓舞，下定决心削藩。

明明是一样的故事情节，却是不一样的历史背景，这样的历史典故岂能轻易换人？

（周亚夫）

还想知道更多吗？

请参看：《西汉文景盛世》孙玉良著 河南人民出版社1998年版（"七国之乱与皇权加强"120页—128页）。

魏其侯……

封早了的魏其侯

在电视剧《汉武大帝》中，汉景帝说："这个'削藩策'，朕看它的实际意思，就是八个字：尊君强国，惩治不法！魏其侯！朕看你今天倒是很沉得住气,有何高见？"岂不知，七国还未叛乱，魏其侯的封号还没有出现呢。汉景帝如此称呼窦婴，显然是不对的。

魏其侯，是窦婴，较清廉，有才干。

本外戚，与人争，遇田蚡，两相伤。

西汉前期，是一个英雄辈出的时代，诸多人才横空出世，辅佐高、惠、文、景数代皇帝，开天辟地，建功立业，成就了汉代前期的盛世。其中有一个叫窦婴的是一个很特别的人才。

窦婴，字王孙，清河观津（今河北衡水东）人，是汉文帝皇后窦氏堂兄之子，以军功封魏其侯。由于他推崇儒术，反对黄老学说，被窦太后贬斥。

说他是一个人才，是因为这个人非常正直，但正直中又稍显任性。但是他直言快语，却是耿耿丹心。一次，窦太后举行家宴，宴会规模很小，规格很高。在饭桌上，酒酣之时，大家随意聊天，因为那时汉景帝还没有立太子，就讲了一句话：千秋之后传梁王。窦太后一向非常喜欢自己的小儿子梁王，听到这个话很高兴，但窦婴马上出来纠正，说这是皇上戏言，不可当真。这样窦太后空欢喜一场，家宴不欢而散，窦婴也失去窦太后的欢心。

另外，窦婴非常廉洁，有视金钱如粪土的气概。汉景帝曾经赏赐给他黄金千斤，他将皇上所赏赐给的黄金，都摆列在走廊穿堂里，属下的小军官经过时，就让他们酌量取用，一点儿也没有拿回家。这些说明窦婴是汉景帝一朝刘姓宗室和窦氏外戚中的一代人才。

除了正直清廉之外，窦婴非常具有军事才干。汉景帝

窦婴（？—前131年）

三年（前154年），吴、楚等七国反叛，皇上考察到在皇族成员和窦姓诸人中，没有谁像窦婴那样贤能的了，于是就召见窦婴，准备请窦婴出兵平叛。窦婴入宫拜见，但坚决推辞，借口有病，不能胜任。皇上急着都说："天下正有急难，你怎么可以推辞呢？"后来，在门人的点拨下，窦婴意识到其中的利害关系，这才接受了大将军一职。后来，窦婴与周亚夫一起，以奇兵断绝叛军的粮道，只用了10个月的时间，就大破叛军，平定了七国之乱。因为他的这一卓越功劳，所以汉景帝封他为魏其侯。只可惜，到汉武帝在位时，窦婴因为要救知己灌夫，称自己曾接受汉景帝的遗诏，请求汉武帝再度召见。但尚书发现窦婴所受遗诏在宫中并无副本，因此以"矫诏"之名弹劾他。元光四年（前131年）初，窦婴被处斩。

　　窦婴在平叛七国之乱中立了大功，这是他一生中最值得大书特书的一件事。太史公在《史记》中就说：魏其侯的被重用，是由于平定吴、楚七国叛乱。所以说魏其侯的称号是在平定七国之乱以后的，是有历史原因的。

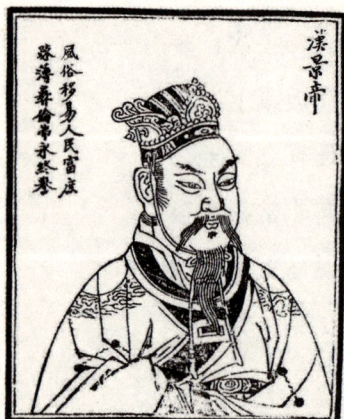

（汉景帝）

　　在电视剧《汉武大帝》中，汉景帝说："这个'削藩策'，朕看它的实际意思，就是八个字：尊君强国，惩治不法！魏其侯！朕看你今天倒是很沉得住气，有何高见？"岂不知，七国还未叛乱，魏其侯的封号还没有出现呢。汉景帝如此称呼窦婴，显然是不对的。

还想知道更多吗？

　　请参看：《西汉文景盛世》孙玉良著 河南人民出版社1998年版（"景帝遵业与忠臣蒙冤"129页—135页）。

匈奴入了雁门，
到了武威

茫茫武威何处寻

　　电视剧《汉武大帝》中，还是在汉景帝的时候，出现了匈奴进犯中原的情节，汉景帝一脸严肃地说："匈奴入了雁门，到了武威"，看他说话的样子，匈奴似乎已经从雁门一直冲到武威，从山西一直跑到甘肃凉州，真是绕了好大的一个圈子。

汉武帝，耀武功，设四郡，有武威。

最起初，西戎据，到后来，通丝路。

武威是一座鼎鼎有名的古城，它位于甘肃省中部，河西走廊的东端，东临兰州，西通金昌，南依祁连山，北接腾格里沙漠，是古代历史上著名的"丝绸之路"要冲。

说起武威这个地方，它的历史已经很悠久了。很早之前我们的先民们就已经在那里繁衍生息。但刚开始时，武威并不是叫武威，说了武威也没有人知道在哪里。

在周朝时，这个地区属于雍州，后来一直被西戎占据。到秦朝的时候，这里是少数民族月氏的驻牧地。西汉文帝前元六年（前174年），匈奴击败月氏，占领河西。匈奴休屠王筑盖臧（即姑臧）城。到了元狩二年（前121年）的春天，汉武帝派骠骑将军霍去病出陇右击匈奴，使整个河西走廊纳入西汉版图。后设置武威、酒泉、张掖、敦煌4郡，武威郡辖姑臧、张掖、武威、休屠、次、鸾鸟、扑、媼围、苍松、宣围10县，以姑臧（凉州区）为治所。武威，即武功军威之意，因此而得名。到了元封五年（前106年），汉武帝分天下为13州，各置一刺史，史称"十三部刺史"，武威郡属凉州刺史。

因为地理位置的重要性，历代王朝曾在这里设郡置府，前凉、后凉、南凉、北凉国和隋末的大凉政权先后在此建都，成为长安以西的大都会。

抛却都会的繁华与边塞的刚毅容貌，武威在诗人的笔下又是一番苍凉的笔调。

武威春暮

岑 参

岸雨过城头，黄鹂上戍楼。塞花飘客泪，边柳挂乡愁。

白发悲明镜，青春换敝裘。君从万里使，闻已到瓜州。

　　在岸雨飘落的城头，作者欣闻朋友出使顺利，即将返回瓜州，而自己仍然滞留在边塞武威，高兴又伤感的情绪交织在一起，缠绵而复杂。当然，这已经是唐朝以后的事情了。

　　电视剧《汉武大帝》中，还是在汉景帝的时候，出现了匈奴进犯中原的情节。汉景帝一脸严肃地说："匈奴入了雁门，到了武威"，看他说话的样子，匈奴似乎已经从雁门一直冲到武威，从山西一直跑到甘肃凉州，真是绕了好大的一个圈子。只是，雁门关的名字是早就有了，雁门关又名雁门塞、雁门郡，因此提到它是完全正常的。但是若说到武威，那里是武帝时候才从匈奴夺取的领土，后来才设置的郡县，因此，在汉景帝时，那里还是匈奴休屠王的牧场，怎么会有这个名字呢？

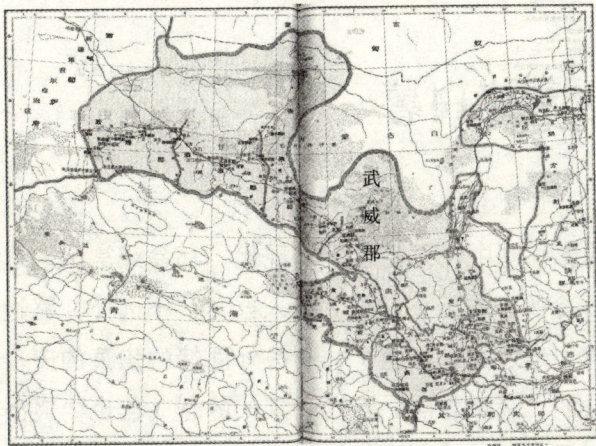

（《中国历史地图集》西汉 凉州刺史部）

还想知道更多吗？

　　请参看：《西汉文景盛世》孙玉良著 河南人民出版社1998年版（"北击匈奴与开置边郡"183页—194页）。

赵飞燕去买烤白薯

　　在很多的影视剧中，无论古代与现代，都会经常出现这样温馨的一幕：在一个寒冷冬日的街头，路上行人寥寥，不远处，路边一个大爷守着一个白薯摊，走过去，称两个，剥去外面烤的焦黄的皮，咬上一口，嫩嫩的、软软的，满口甘甜，无怪乎汉代的赵飞燕也要飞出皇宫去寻找那昔日的烤白薯。

赵飞燕，生于汉，人轻灵，歌舞善。

烤白薯，不简单，明朝时，方能办。

白薯有很多名字，比如甘薯、番薯、山芋、红山药、土瓜、地瓜等，在北京叫白薯。在清代，烤白薯可是北京著名风味食品，在《燕京岁时记》里就记载：白薯这个东西，无论贫富的人都喜欢吃，将它用火烤熟之后，味道自然甘美。它既便宜又可以用来果腹，所以是朴实的有用之材。如今，这种大众食品更是受到编剧和导演的青睐，频频活跃在荧幕上。

在很多的影视剧中，无论古代与现代，都会经常出现这样温馨的一幕：在一个寒冷冬日的街头，路上行人寥寥，不远处，路边一个大爷守着一个白薯摊，走过去，称两个，剥去外面烤得焦黄的皮，咬上一口，嫩嫩的、软软的，满口甘甜，无怪乎汉代的赵飞燕也要飞出皇宫去寻找那昔日的烤白薯。

虽然白薯现在对于我们来说是普通得不能再普通的食物，可千万别因此小觑了它。其实它原本祖籍美洲，并非中国土生土长。它可是从国外跋山涉水、翻山越岭传过来的，且传入中国的时间相比于其他的农作物而言也并不是很长，明朝万历年间才传入。在明代以前我国亦有甘薯这一称呼，但都不是指番薯，当时也没有番薯。

陈益（？—1592年）

有人说白薯是由陈益、林怀兰从越南分别传入广东的。史书记载，在万历庚辰（1580年）陈益到安南，那里的酋长每次宴请他们的时候都有当地称之为薯的土特产，味道甘美，陈益想得到这个种子，于是贿赂酋长身边的奴隶得到，等陈益从安南回到家乡东莞，白薯在那里开始得到普遍种植。还有一条路线是由"温陵洋舶"经南澳岛传入泉州。另外有人说，陈振龙常年从事贸易，久驻东夷，看到这种白薯被遍地种植，生熟都可以食用，他想到自己的家乡福建土地贫瘠，人们经常受到饥荒之灾，于是他冲破种种困难，从菲律宾将薯种带回福州。

陈振龙（约1543年—1619年）

无论是哪一条路径传入，白薯传入肯定都远远迟于汉代，在电视剧《汉宫秋燕》中的赵飞燕怎么能在大街上买到烤白薯呢？尽管她颇念旧情，还去寻找那个摆摊卖白薯的老人家，但这个卖白薯的老人家出现得很不合时宜，所以后来就隐身而去，将摊子交给他的儿子了，估计他儿子也难挑此重担啊！

历史可以超越真实，但不能超越常识。否则，超越了常识的历史剧就不能称之为真正优秀的历史剧了。

（《百美新咏图》赵飞燕）

还想知道更多吗？

请参看：《中国古代庶民饮食生活》赵荣光著 商务印书馆国际有限公司1997年版（"卖白薯"144页）。

孙权

西汉末年王莽篡逆

孙权 "先知" 西汉

　　古装剧中总是会很不小心地出现一些 "先知"，他们说出一些话来，让人心里直打鼓，他们是怎么知道后人说的话呢？例如新版《三国》中，孙权对父亲孙坚说："西汉末年，王莽篡逆……" 这么一说，孙权可就成先知了。

刘邦建，国号汉，分东西，后人辨。

到孙权，建吴国，未知晓，有西汉。

古装剧中总是会很不小心地出现一些"先知"，他们说出一些话来，让人心里直打鼓，他们是怎么知道后人说的话呢？例如新版《三国》中，孙权对父亲孙坚说："西汉末年，王莽篡逆……"这么一说，孙权可就成先知了。

大家都知道，秦朝末年天下大乱，陈胜、吴广发动农民起义席卷全国，随后，全国的豪强地主和六国的旧贵族趁机割据地方。项羽在前207年的决定性战役巨鹿之战中大破秦军主力，秦亡后自立为西楚霸王，统治黄河及长江下游的梁、楚九郡。项羽以"巴蜀汉中四十一县"封刘邦，治所在汉中，所以刘邦被称为"汉王"。公元前202年，刘邦称皇帝，国号汉，都城长安。因为长安城位于刘秀所建汉王朝都城洛阳的西边，后人为加以区别，故史称"西汉"。因此，所谓的西汉和东汉，都是后人为了防止混淆而进行区别的。同时，西汉和东汉又被分别称为前汉和后汉。

其实，在我国两千多年的封建专制时代，以"汉"字作为国号而建国的还有许多。西晋时李雄称帝，国号"成"，至李寿时，改号为"汉"，史称"成汉"；刘渊建国亦称"汉国"，后改为"赵"；唐朝中期朱泚的政权，783年称"秦"，784年改称"汉"；五代十国时，刘知远称帝，国号"汉"，史称"后汉"；刘龚称帝，国号

"汉"，史称"南汉"；刘知远之弟刘崇所建国的国号也是"汉"，史称"北汉"。在此期间，王建所建立的"前蜀"政权也曾在917年以"汉"字作过国号。金朝晚期郝定所建的政权，元朝晚期陈友谅所建的政权，明朝中期农民起义军刘通所建的政权，也是以"汉"字为国号。

孙权字仲谋，祖籍吴郡富春（今浙江富阳），幼年跟随兄长孙策平定江东，孙策英年早逝，孙权继位为江东之主，后来是三国时期吴国的开国皇帝。因此，《三国》中的孙权只知道王莽篡位，却并不知道是在西汉还是东汉，前汉还是后汉。他也不知道，以后的历史变迁中会有这么多的王朝打着"汉"的旗号，这些都会让他惊讶不已的。

（孙权）

还想知道更多吗？

请参看：《剑桥中国秦汉史》〔英〕崔瑞德、鲁惟一编 杨品泉等译 中国社会科学出版社1992年版（"前汉"121页—238页）。

他今天竟然纠集了
十八路诸侯

董卓和十八路诸侯

　　电视剧《三国》中，董卓却在曹操还没逃出洛阳时，和曹操说袁绍纠集了十八路诸侯起兵反他，真不知道没有曹操，这十八路诸侯如何凑得齐，莫非还有哪路诸侯在《三国》中临时入伙了不成？那可就要称为十九路诸侯了。

汉董卓，乘乱起，立献帝，擅国权。

各诸侯，齐讨伐，十八路，有曹操。

中国有句古话，叫众叛亲离，说的就是一个人做了太多的坏事，大家又要反对他，于是群起而攻之。孟子曾经说过，"得道多助，失道寡助"，就是儒家关于众叛亲离的最好诠释。董卓非常"有幸"，享受了各路诸侯合攻的待遇。

董卓，本是个驻守边塞的地方官吏，在陇西地区成为地方军阀豪强。公元189年，汉灵帝驾崩，汉少帝刘辩继位，因皇帝年纪太小，由舅舅何进掌权，这招致了汉灵帝时期实际掌权的宦官的不满，于是双方发生矛盾，最终兵戎相见。起初，何进想招董卓入宫，帮助他除掉宦官。谁知还没等董卓入宫，倒先被宦官张让得知了消息。于是，宦官们先动手杀掉了何进。之后，司隶校尉袁绍又带兵杀了这帮宦官，主持朝政。正在此时，董卓乘机入宫，一揽大权，袁绍见与他政见不同，回到冀州，以图起兵反董。

公元190年，关东一带的地方军阀势力共推袁绍为盟主，袁绍则自号车骑将军，率领各路诸侯兵，反抗董卓。不过，起兵时到底有多少兵马，有多少位地方军阀参与其中，现在很难有确切的统计数据。我们只能从史料中发现，后将军袁术、冀州牧韩馥、豫州刺史孔伷、兖州刺史刘岱、河内太守王匡、勃海太守袁绍、陈留太守张邈、东郡太守桥瑁、山阳太守袁遗、济北相鲍信、广陵太守张

何进（？—189年）

袁绍（？—202年）

超、长沙太守孙坚，当然还有奋武将军曹操，共十三人都参加了当时的反董大军。现在我们所说的"十八路诸侯"，则是小说《三国演义》中的说法，这十八路分别为：第一镇，后将军南阳太守袁术；第二镇，冀州刺史韩馥；第三镇，豫州刺史孔伷；第四镇，兖州刺史刘岱；第五镇，河内郡太守王匡；第六镇，陈留太守张邈；第七镇，东郡太守乔瑁；第八镇，山阳太守袁遗；第九镇，济北相鲍信；第十镇，北海太守孔融；第十一镇，广陵太守张超；第十二镇，徐州刺史陶谦；第十三镇，西凉太守马腾；第十四镇，北平太守公孙瓒；第十五镇，上党太守张杨；第十六镇，乌程侯长沙太守孙坚；第十七镇，祁乡侯勃海太守袁绍；第十八镇，曹操。

不管是历史上的十三路诸侯，还是小说中的十八路诸侯，时间都发生在曹操逃出洛阳之后，而且盟军中也必定会出现曹操的身影。电视剧《三国》中，董卓却在曹操还没逃出洛阳时，和曹操说袁绍纠集了十八路诸侯起兵反他，真不知道没有曹操，这十八路诸侯如何凑得齐，莫非还有哪路诸侯在《三国》中临时入伙了不成？那可就要称为十九路诸侯了。

（曹操脸谱）　　　　（董卓脸谱）

还想知道更多吗？

请参看：《三国演义》〔明〕罗贯中著 人民文学出版社1973年第3版（"第五回 发矫诏诸镇应曹公 破关兵三英战吕布"39页—48页）。

汉贼不两立
王业不偏安

"汉贼不两立"出自谁口

　　电视剧《三国》中，也有"汉贼不两立、王业不偏安"这句话，不
过是刘备的谋士孙乾见到刘表后，撺掇刘表反抗曹操是说的。这句话不
仅抢了诸葛亮的风头，而且还说出"王业"来，须知，当时的刘表只是
个荆州牧，东汉的地方官，又没有被封王，哪儿来的王业？

诸葛亮，说汉贼，有专指，是曹操。

孙乾时，见刘表，说套话，太超前。

中国人提起曹操，会有两种截然不同的结论。有人说曹操应该是一代枭雄，在东汉末年，他为结束割据局面，统一北方，做出了积极的贡献，是著名的政治家、军事家。不过，另外一些人看来，曹操可不是什么好人，这主要是因为《三国演义》的小说中把个曹操描写得奸诈无比、残忍至极，只要是反对曹操者，多称他为曹贼，"名为汉相，实为汉贼"说的就是汉献帝的曹丞相。京剧中曹操的形象，也是个白脸，代表阴险、恶毒、善用心计。

曹操为什么会被塑造成这样一个形象？相比起来，刘备和诸葛亮幸运得多，成为老百姓万世拥戴的明君忠臣，甚至成了神仙。同样是建立了一个国，魏国再强大也是篡汉，蜀国再弱小也是继承汉统。魏国南下，那是侵略。蜀国北上，则为恢复汉室。看来，"汉贼"的观念已深入人心，这可比孔子的"春秋笔法"厉害得多。

"贼"一直以来就不是个好字眼。《左传》中多次提到了"贼"，如"毁则为贼"（则指的是法）、"贼民之主，不忠"、"杀人不忌为贼"，《荀子》一书中也有"害良为贼"的说法，比我们现在所指的小偷，涵义要宽，犯的罪也要重。古人称小偷为盗，譬如齐国孟尝君出使秦国，被秦昭王扣留。幸亏依靠他养的小偷，偷来狐白裘送给秦昭王的姜，又有会学鸡叫的人骗秦国打开函谷关门，他才顺利脱险。这些人只能成为鸡鸣狗盗之徒，不登大雅之堂。但如果说某人是贼，尤其是国贼，那就不是一般小偷小摸的人，而是独揽朝政的权臣和奸臣一类，"汉贼"曹操就是其中代表。

说曹魏是"汉贼"或"贼"，从诸葛亮所写的《后出师表》中就可以看到。公元227年，诸葛亮挥师北上伐魏，临行时给刘禅留了一封信，交代了相关事宜，就是后人所称了《前出师表》。次年，他又写了一篇《后出师表》，详述了北伐的必要性和紧迫性，文中开头就写道："先帝虑汉贼不两立，王业不偏安，故托臣以讨贼也。"其中的"汉"指的是居于四川的刘氏政权，"贼"指的是北方曹魏政权，而"王业"则是指刘备称帝后的基业。

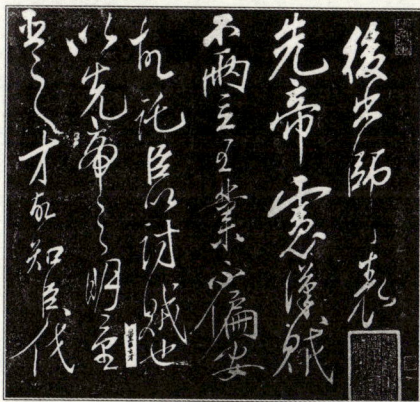
（岳飞 书《后出师表》）

孙乾（？—约215年）

刘表（142年—208年）

电视剧《三国》中，也有"汉贼不两立、王业不偏安"这句话，不过是刘备的谋士孙乾见到刘表后，撺掇刘表反抗曹操时说的。这句话不仅抢了诸葛亮的风头，而且还说出"王业"来，须知，当时的刘表只是个荆州牧、东汉的地方官，又没有被封王，哪儿来的王业？孙乾真是个糊涂蛋，幸好只是电视剧，如果真这么说，估计要被拖出去斩了。

还想知道更多吗？

请参看：《三国演义》〔明〕罗贯中著 人民文学出版社1973年第3版（"第三十一回 曹操仓亭破本初 玄德荆州依刘表"272页—279页）。

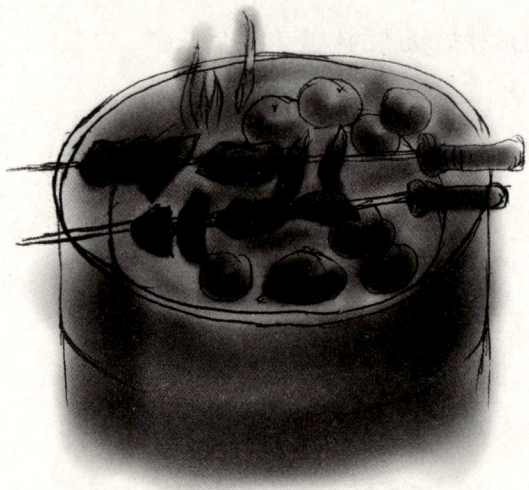

从南美洲赶来的土豆

看看电影《花木兰》中这两大锅堆满的土豆，大家都会疑惑了，花木兰这是在哪儿？在秘鲁，在哥伦比亚，还是在墨西哥呢？让乔装打扮混进柔然敌营的花木兰去帮着烤明朝才传入的土豆，你这不是为难人家花木兰嘛。因为，那时的她还是看不到土豆的呢！

大土豆，香又甜，原产地，在美洲。

哥伦布，后传播，约明时，至我国。

现在，我们家家户户的餐桌上都少不了一样蔬菜——马铃薯。它俗称"土豆"，又称洋芋、香芋、山药蛋、地豆、爪哇薯等。土豆们本来是生活在遥远的南美洲和中美洲等地，在那里过着与世隔绝的生活。后来，印第安人利用、种植了它，并给它起了一个非常有趣的名字巴巴（Papa），从此，马铃薯与玉米一起成为印第安的两朵"并蒂开放的古文明之花"。

哥伦布（1451年—1506年）

15世纪末，哥伦布发现了美洲新大陆，土豆们开始了从原产地向世界各地传播的全球旅程。这一旅程之路，真是遥远而又多起波折。例如，它在传入欧洲之初，并不受欧洲文化的欢迎，因为欧洲人以前从来没有吃过这种块茎类植物，《圣经》中也没有马铃薯的记载。因此，各地都需要一个逐渐接受的过程。

在法国，出于营养和产量的考虑，法王路易十六决定接受药剂师巴尔曼蒂的建议，推广种植土豆。他和他的王后在衣服的纽扣上别上马铃薯花作为装饰，并令人在王室的土地种上马铃薯，派最精锐的士兵看守，晚上则把士兵撤走。当农民意识到这些庄稼的价值时，就来偷走了王室所种的马铃薯。到1789年时，法国的大多数农民都已经种植马铃薯了。土豆逐渐获得了欧洲人的认可。

马铃薯是16世纪、17世纪落户中国的。如何传入，有不同的说法。一种说法是盘踞台湾的荷兰人将马铃薯带到台湾种植，而后传入，因此马铃薯又被称为荷兰薯。另一种说法是由晋商自俄国或哈萨克汗国（今哈萨克斯坦）引入中国，主要在山西种植，现在山西人还有"五谷不收也无患，还有咱的二亩山药蛋"的农家俚语。还有一种说法是主要由南洋印尼（荷属爪哇）传入广东、广西，因此，在这些地方马铃薯又被称为爪哇薯。

北魏时期（386年—534年）

无论是16世纪还是17世纪，显然都比花木兰所处的北魏时期晚上很多年。北魏的时候，土豆连欧洲都没去过，更何况是中国。看看电影《花木兰》中这两大锅堆满的土豆，大家都会疑惑了，花木兰这是在哪儿？在秘鲁，在哥伦比亚，还是在墨西哥呢？让乔装打扮混进柔然敌营的花木兰去帮着烤明朝才传入的土豆，你这不是为难人家花木兰嘛。因为，那时的她还是看不到土豆的呢。

（清粉彩 木兰从军）

还想知道更多吗？

请参看：《餐桌上的植物史》秦风古韵著 东方出版社2009年版（"马铃薯"19页—21页）。

梁山伯和祝英台

　　电视剧《梁山伯与祝英台》中，求学路上和草桥亭中，都是一幅幅唯美的画卷，作为他们学习生活的主要场所之一"尼山书院"也多次出镜。然而，正是这他们学习过、生活过的场所——尼山书院却出现了"问题"。

梁山伯，与英台，情相投，两相悦。

离元代，早多时，去尼山，需谨慎。

《梁祝》是我国古代的一部民间传说，又被称为中国版的《罗密欧与茱丽叶》。故事说的是一个叫梁山伯的青年去求学，途遇祝英台，两人同窗共读三年。后来祝父催英台回家，英台在十八里相送途中，暗示爱情，但淳朴的山伯不解其意。后来祝父强将英台许给太守之子，山伯听此消息后，忧郁身亡，英台也以身殉情。两人最后化作彩蝶，双双在人间翩然起舞。

电视剧《梁山伯与祝英台》中，求学路上和草桥亭中，都是一幅幅唯美的画卷，作为他们学习生活的主要场所之一"尼山书院"也多次出镜。然而，正是这他们学习过、生活过的场所——尼山书院却出现了"问题"。

尼山书院是我国众多书院中的一个，建于曲阜尼山上，首创于宋朝，真正得名于元朝。这不禁就让人好生奇怪了——梁山伯和祝英台能在这里学习生活吗？尽管是传说，这个故事可真编得有点远。

关于梁山伯和祝英台两人的出生地点多有不一，全国有十几个不同的版本，但是两个人生活的时代基本上是定在魏晋南北朝时期。宋代明州（今宁波）知府李茂诚的《义忠王庙记》中说梁山伯生于公元352年农历三月初一，死于373年农历八月十六，终年21岁，未曾婚配；祝英台出嫁在374年暮春。明代徐树丕在他的书中这样说道：梁祝的故事很奇特，在魏晋南北朝的《金楼子》及《会稽异闻》中皆有记载。其后，关于梁、祝二人的诗文记述更是不胜枚举。因此，生活在魏晋的梁山伯与祝英台怎么会在元朝的书院里学习呢？

因为，梁祝读书处是受梁祝传说的影响后形成的，不能反证其源头，所以，关于梁、祝二人的读书处的说法有许多。就像现在大家都在争着名人故里，在古时，名人遗址也大有文章可作，梁、祝二人读书处也不例外。明人张岱曾经在《孔庙桧》一文中写道他到曲阜去谒拜孔庙时，就发现孔庙中的宫墙上有楼耸出，匾上写着大大的梁山伯祝英台读书处几个大字，这让他很惊讶。因此，也有人据此说梁、祝二人在是济宁市邹县峄山读书，后曾慕名而至济宁市曲阜孔庙拜祭过孔子，并参阅过孔庙的经文藏书。这是梁祝故事与曲阜尼山有可能相联系的缘起，但是说到在尼山书院读书，那就成问题了。

张岱（1597年—1679年）

一部《梁祝》的故事已让人百转千折，现在，他们读书的地方竟如此扑朔迷离，莫不成，是大家想给这凄美的爱情故事再铺上一层"奇幻"的色彩？

（《梁祝·三载同窗》特种邮票2003年）

还想知道更多吗？

请参看：《中国四大爱情传奇》段怀清著 上海东方出版中心2008年版（"梁祝传奇"）。

我虽是武夫，也知
常存抱柱信，岂上
望夫台的诗句

《长干行》，很流行

为了证明自己的铁血柔情，宇文成都在花园中向如意表白道："我虽是武夫，也知常存抱柱信，岂上望夫台的诗句。"这句话说的，可真是一个"杯具"。因为，在当时不管是武夫，还是文士，谁也都不会这首"常存抱柱信，岂上望夫台"的诗句。这两句诗原是出自李白的《长干行》。

《庄子》中，有尾生，求存信，抱柱亡。

后李白，写入诗，被引用，却超时。

爱情是影视剧中不朽的话题。两个人相互念慕，自然是最好，也有单相思或不解风情的，那就纯属无奈了。"落花有意随流水，流水无情恋落花。"都是没有办法的事。或者，也有那种本来就是虚无缥缈的事，还要借着爱情的外衣，添油加醋地浪漫一番，估计就更是多此一举，画蛇添足了。

电视剧《隋唐英雄》中，为了增强如意公主对李世民感情深切的渲染，还增添了一段宇文成都对公主的痴痴深情。宇文成都为公主做什么事，都心甘情愿，只想着有朝一日，公主能够远离李世民，投入到自己的怀抱。为了证明自己的铁血柔情，宇文成都在花园中向如意表白道："我虽是武夫，也知'常存抱柱信，岂上望夫台'的诗句。"这句话说的，可真是一个"杯具"。因为，在当时不管是武夫，还是文士，谁也都不会这首"常存抱柱信，岂上望夫台"的诗句。

这两句诗原是出自李白的《长干行》：

"妾发初复额，折花门前剧。郎骑竹马来，绕床弄青梅。同居长干里，两小无嫌猜。十四为君妇，羞颜未尝开。低头向暗壁，千唤不一回。十五始展眉，愿同尘与灰。常存抱柱信，岂上望夫台。十六君远行，瞿塘滟滪堆。五月不可触，猿声天上哀。门前迟行迹，一一生绿苔。苔深不能扫，落叶秋风早。八月蝴蝶黄，双飞西园草。感此伤妾心，坐愁红颜老。早晚下三巴，预将书报家。相迎不道远，直至长风沙。"

李白字太白，号青莲居士，是唐朝著名的浪漫主义诗人，有"诗仙"之称。他是701年出生的，在隋朝天下大乱的时候，自然没有他的什么事情。他也不会写上这首缠绵的情诗供宇文公子表白之用。他的诗句有典可据，他引用的是《庄子·盗跖》中的故事。古时候有一个叫尾生的人，他和自己钟情的姑娘相约于桥头碰面。结果佳人久等不至，而河水此时暴涨。尾生为了坚守信约，最后竟抱柱而死。以痴情抱柱之信，对痴情望夫之台，诗句表现了尾生守信的坚贞。

电视剧中的宇文成都想学做尾生自然是一件好事，就是不知道公主是否已经和他有约在前，如果没有，那他自然也是自作多情。当然，若是非表白不可，莫不如就直接引用《庄子》中的原话，把这个典故明明白白地说出来即可，就不会有说假话的危险了。

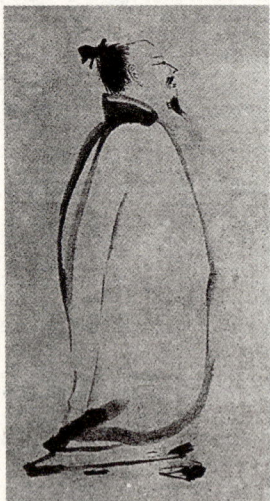

（南宋 梁楷《太白行吟图》局部）

还想知道更多吗？

请参看：《李白评传》周勋初著 南京大学出版社2005年版。

陈叔宝，你可以
引颈就戮了

陈叔宝是怎么死的

电视剧《隋唐英雄》中，隋灭陈后，陈叔宝被赐予三尺长绫，立刻自尽身亡。看来还是按电视剧情的安排，陈叔宝不是英雄，就早早退出荧幕了事吧！

陈叔宝，是昏君，宠爱妃，不理政。

丧国家，被俘虏，偷苟且，窃余生。

中国古代的皇帝，做得很差劲的，莫过于暴君和昏君两种。所谓暴君，治国时残暴专政、滥杀无辜、穷兵黩武、专横跋扈，全国上下劳民伤财，深受其害。但是，这种暴君不一定会使国家走向灭亡，譬如秦始皇是一位暴君，但是他统一了全国，建立了我国第一个封建制的王朝。而做皇帝最失败的，莫过于被人们称为"昏君"。这种皇帝，比暴君更招人厌恶。所谓昏君者，昏庸无度、荒淫无道，对国家和人民不闻不问，不但人民深受其害，最终自己还落得亡家灭国的下场。最典型的就应该是陈朝的末代皇帝了。

秦始皇（前259年—前210年）

陈叔宝（553年—604年）

张丽华（？—589年）

这陈朝的末代皇帝陈叔宝，字元秀，小字黄奴。他继位后，无任何治国才能，所谓"成事不足，败事有余"，天天沉迷于酒色财气之中，无心打理朝政。他只知道大兴土木，和后宫嫔妃厮混在一起，写一些淫词艳赋。他有一个最宠爱的贵妃，名叫张丽华。这张丽华本是一个歌妓，原是龚贵嫔的侍从。因为长相出众，头发长七尺有余，眉目传神，加之有惊人的记忆力，所以当陈叔宝遇见她后，便一见钟情，迅速把她提到了贵妃的位置。据说，陈叔宝在上朝时，竟然让张丽华坐在自己膝上，共同理政。张丽华生下的儿子，也立即立为太子。他可真是昏庸到了极点。

不仅如此，他还在光照殿前，又建了"临春"、"结绮"和"望仙"三阁，并将一些文臣招来，饮酒作赋，写了一首著名亡国之诗——《玉树后庭花》。

正在陈叔宝陶醉在香艳中的时候，北方的隋朝政权建立，逐渐强大。这陈叔宝却听信奸臣之言把长江当作天然屏障，不知哪儿来的自信，料定北方军队无法南下，自己的小朝廷可高枕无忧。

公元588年，隋朝皇帝杨坚，派晋王杨广、秦王杨俊、清河公杨素为行军元帅，总管韩擒虎、贺若弼等，率兵分道直取江南。陈叔宝仍旧做着他的"长江天堑"的梦，直到隋军次年打入建康（今南京）城中，他才感到大事不好，吓得与张丽华、孔贵嫔躲到井中，最后还是成了俘虏。张丽华等人被处斩，陈叔宝和一些大臣被被发到长安，后又被送往洛阳，直到隋仁寿四年（604年）才病死于洛阳。

唐代爱国诗人杜牧有一首《泊秦淮》，其中有"商女不知亡国恨，隔江犹唱后庭花"一句，说的就是这个昏君陈叔宝。

杜牧（803年—约852年）

陈叔宝虽然是昏君，但是当他成了俘虏后，隋文帝对他还是优待有加，准许他以三品官员身份上朝，还好酒好肉伺候着。电视剧《隋唐英雄》中，隋灭陈后，陈叔宝被赐予三尺长绫，立刻自尽身亡。看来还是按电视剧情的安排，陈叔宝不是英雄，就早早退出荧幕了事吧！

（陈叔宝）

还想知道更多吗？

请参看：《陈后主叔宝传》金彩善、周淑舫著 吉林人民出版社1997年版。

李世民什么时候出生

　　电视剧《隋唐英雄》中，当杨坚刚刚灭亡了陈朝时，就有人拱手作揖自称李世民了，看样子总有个20岁左右吧，那可真就怪了，李世民生于公元599年，还差着十来年呢，如何蹦出一个20岁左右的李世民呢？看来，这个李世民必定是个假的。

隋文帝，叫杨坚，灭陈后，得统一。

李世民，生于后，留心看，差多年。

清代有一本长篇的历史章回小说，叫做《隋唐演义》，讲的是隋末农民起义和唐朝统一全国的故事，因为其中的情节跌宕起伏，加之充满了英雄传奇的特色，一直受到人们的欢迎。其中的许多人物，譬如程咬金、尉迟恭、秦琼、罗成等已深入人心。当古装影视剧进军市场之后，这部小说自然成为不可错过热门题材，于是有了《隋唐英雄》。

电视剧《隋唐英雄》中提到的人，是否真的都是英雄，这里暂且不去说。单说这各路英雄中有一位好汉唤作李世民的，后来做了唐朝的皇帝。他英俊潇洒，风流倜傥，一副书生才子模样，不像个打仗的，倒像个读书的。一句"在下李世民"，便在自己的身份证上，把出身日期提前了几十年。

公元589年，中国历史上发生了一件大事，隋朝的统治者杨坚会师南下，一举灭亡了陈朝，结束了自东汉末年以来全国分裂的状态，重新统一的中国。这位统治者，姓杨名坚，弘农郡华阴（今陕西省华阴县）人，据历史记载，杨坚出生在一座寺庙中，当时，整个庙中充满紫气。杨坚生下来后，相貌奇特，头上长有角，遍体有龙鳞，倒把他母亲吕氏吓一大跳，没有抱好，掉到了地上。正被一个神人看见，于是说，这个人和俗人不同，可以得天下。不过，因为刚才那么一摔，当皇帝的时间就要推迟了。

后来，杨坚继承家族的爵位，因兵权过重，一度受到北

李世民（599年—649年）

杨坚（541年—604年）

周武帝的怀疑，幸亏朝中有些大臣力保他，才躲过杀身之祸。北周宣帝登基后，对杨坚更不放心，虽然杨坚的大女儿杨丽华是宣帝的皇后，宣帝还是决定要除掉这位岳父，但一直无可乘之机，只好任命他去做地方官。等宣帝的儿子静帝即位后，杨坚被任命为丞相，将朝中大权彻底揽入手中，并于公元581年，逼迫静帝下诏宣布退位，自己建立了隋朝，杨坚就是后来的隋文帝。当上皇帝后，杨坚开始统一全国的步伐，588年，他命自己的儿子杨广为尚书令，全面负责攻打南方的陈朝。

电视剧《隋唐英雄》中，当杨坚刚刚灭亡了陈朝时，就有人拱手作揖自称李世民了，看样子总有个20岁左右吧，那可真就怪了，李世民生于公元599年，还差着十来年呢，如何蹦出一个20岁左右的李世民呢？看来，这个李世民必定是个假的。

（李世民）

还想知道更多吗？

请参看：《唐太宗传》赵克尧、许道勋著 人民出版社1984年版（"贵族世家的子弟"4页—6页）。

从"飞钱"到"交子"

　　电视剧《隋唐英雄》中，也许是英雄惜英雄，虽然长孙无忌与李世民素不相识，但在李世民没钱付账的时候，长孙无忌一出手就放了好几张银票在桌子上，看得那饭馆老板是乐开了花。只是，这个银票出现得太早了点，想必老板拿了之后也花不了，还是几张废纸，他就只能自己偷着哭了。

从飞钱，到交子，为兑现，而办理。

隋朝时，尚未有，到宋时，才出手。

在古代，如果是往来各地做生意，揣上一大包铜钱和银子行走就很不方便。比如，买几千匹布和买几匹布是截然不同的本钱，要是谁带着那么多钱上路，自然容易引起匪徒的注意，恐怕自家性命难保。大家也都意识到这个问题，于是出现了"飞钱"。

唐宪宗（778年—820年）

在唐宪宗元和初年，为了便于兑钱，一种是由官方办理，商人在京城把钱交给官方指定的进奏院，然后携带证明到其他地区的指定地方取钱；另一种是交由私人办理。唐宪宗时因为钱少，于是禁用铜器，铜钱的流通也很少，用"飞钱"后，自然可以减少铜钱流通，同时市场上的货币使用量不减，这倒不失为一个解决铜钱少的好办法。但是，这时的"飞钱"还只是一种汇兑业务，它并不介入流通，所以还不能在市场上直接使用。

到北宋的时候，在四川成都出现了专为携带巨款的商人经营现钱保管业务的"银票铺户"。存款人先将现金交付给他们，他们再把存款人存放现金的数额填写在卷面上，交还存款人。当存款人到外地提取现金时，只要付给铺户一定的利息即可，也就当做是保管费了。这种临时填写存款金额的纸券就是"银票"了。这时的"银票"，就是一种存款和取款凭据，也并非货币。

景德年间（1004年—1007年）

一直到北宋景德年间，因为刚出现的新事物，需要整合管理；另一方面官府也对此觊觎，急于分一杯羹。益州的知州张泳开始对开始交子的铺户进行整顿，剔除不法之徒，专门安排16家富商经营。这样，私营的银票铺户就成了官方许可的垄断性经营，也就意味着"交子"的发行正式取得了政府认可。到宋仁宗天圣元年（1023年）时，政府设益州交子务，自己正式拿本钱出来运营，这就是专门的经营机构。这时的"交子"已经具备了现代纸币的各种基本要素，可以正式流通了。

电视剧《隋唐英雄》中，也许是英雄惜英雄，虽然长孙无忌与李世民素不相识，但在李世民没钱付账的时候，长孙无忌一出手就放了好几张银票在桌子上，看得那饭馆老板是乐开了花。只是，这个银票出现得太早了点，想必老板拿了之后也花不了，还是几张废纸，他就只能自己偷着哭了。

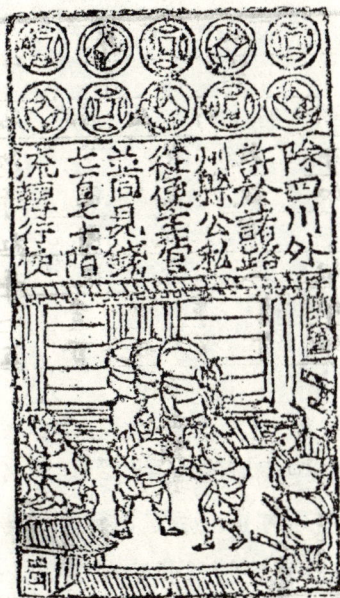

（交子图）

还想知道更多吗？

请参看：《两宋货币史》汪圣铎著 社会科学文献出版社2003年版 下册（"交子的产生"610页—619页）。

秦王是九门提督

唐朝的"九门提督"

　　电视剧《隋唐英雄》中守城的士兵也不知怎么回事，就直接称秦王李世民为九门提督，这就不知道到底是谁封赏了李世民这个官职，又是怎么给的呢？另外，他到底是管了长安城的哪几座大门呢？都令人好奇。

清步兵，有统领，管九门，护京城。

官提督，正二品，后上升，显信任。

九门提督，全称提督九门步军巡捕五营统领，又可以被称为步军统领。这个机构是清朝顺治元年（1644年）时，清兵入关后，所设立的一个军警合一的机构，最起初叫做"步军统领衙门"。

这个衙门的权力可真是不小，它可以辖制满、蒙八旗的部队还有九门的官兵，同时节制南北巡捕二营。其工作职责主要是专门管理京师的防务与治安，并且负责巡夜、救火、编查保甲、禁令、缉捕、断狱等。这些工作可都是关乎京师防务，等于是为皇帝看家护院的，按今天的话来说，就是一个国家的首都的卫戍司令同时兼任首都公安局的局长，甚至比这职权还要大。

因为这个职位非常重要，所以基本上都是由满族大臣担任。其统率的部队能够长期保持在3万人左右，而且人员非常精干，装备也很精良。后来，清朝政府还一步扩充步军统领衙门，到乾隆年间已经扩充为巡捕五营，这时该职位才正式得名。

隆科多（？—1728年）

九门提督官职的品秩刚开始为正二品，后来到嘉庆年间升为从一品。从官职上就可以看出，这个职位有多么重要。比如康熙朝的隆科多、乾隆朝的和珅都曾被授予此职，说明了皇帝当时对他们的宠信。

和珅（1750年—1799年）

如果从九门提督的字意上看，九门提督统合北京内城九座城门，分别是正阳门、崇文门、宣武门、安定门、德胜门、东直门、西直门、朝阳门、阜成门。

关于这些门的用途，有许多说法。其中，正阳门位于北京城南的正中，是走龙车的，也就是皇帝的专道；崇文门是走酒车的；宣武门是走囚车的，囚犯直接拉到菜市口问斩了；安定门有说走兵车的，有说走粪车的，但也是取了个好名字；德胜门是走兵车的，自然是期望能够旗开得胜。东直门是走砖瓦和木材的；西直门是走水车的，专门给皇帝运送玉泉山上的好水；朝阳门是从南方运粮食的必经之地；阜成门则是走运送煤车的通道。说了这么多，就是说这些城门全都是和清朝的北京城紧密相连的，在唐朝，肯定是见不到这九座城门，也找不到"九门提督"的。

电视剧《隋唐英雄》中守城的士兵也不知怎么回事，就直接称秦王李世民为九门提督，这就不知道到底是谁封赏了李世民这个官职，又是怎么给的呢？另外，他到底是管了长安城的哪几座大门呢？都令人好奇。

（和珅）

还想知道更多吗？

请参看：《清代地方官制考》刘子杨编著 紫禁城出版社1988年版（"步军统领衙门"231页—242页）。

郎世宁的《罂粟图》

　　影视剧《唐宫美人天下》中，在唐朝的皇宫里居然挂上了清代郎世宁的《罂粟图》，两者的年代相差太远了，虽然只是一个小小的道具，放错了地方，也会让观众质疑整部电视剧的真实性的，或许这里挂上初唐的名画会更好吧。

郎世宁，米兰人，来中国，入宫廷。

善工笔，会西法，《婴粟图》，传天下。

大家都喜欢在家居装饰中陈挂一些书画作品，这些书画作品体现了个人的品味、爱好甚至是财富与地位，因此受到很多人的追捧。尤其是那些名家的作品，非常受欢迎，而郎世宁就是受到追捧的众多名家中的一位。

郎世宁（1688年—1766年）

郎世宁是清代著名的宫廷画家，他与同时代的八大山人、石涛等中国传统水墨画家不同，他融中国工笔画绘画方法与西洋画三维要素为一体，简单来说，就是中西结合，别有特色。

郎世宁是意大利米兰人。他出生于艺术之都，从小受到很好的艺术熏陶，后来他又随名画家学习绘画与建筑，所以长了不少本领。在来中国之前，他的主业是为意大利教堂画壁画，不过遗憾的是现在他在欧洲存世的画作很少。后来，他怀揣着对中国文化的向往，在1715年以传教士的身份从欧洲来到东方。刚到中国，他就受到了酷爱艺术的康熙帝的召见，给其很高的礼遇，而郎世宁为了取得传播天主教的权利与便利，也始终行走内廷，专为皇帝作画。他从康熙五十四年（1715年）来到中国后再未回去过，直至去世。

他一生历侍康熙、雍正、乾隆三朝并受到三位皇帝的赏识与器重，尤其他和乾隆帝，两人的关系非常亲密。有则故事说有一次乾隆召见郎世宁时妃嫔环绕左右，郎世宁颇感局促不安，乾隆帝就开玩笑问他："卿看她们之中谁最美？"郎世宁答道："天子的妃嫔个个都美。"乾隆又追问："昨天那几个妃嫔中，你最欣赏谁？""微臣没看她们，当时正在数宫殿上的瓷瓦。""瓷瓦有多少块？"郎世宁回答："30块。"皇上命太监去数，果然不错。

郎世宁在中国待了50多年，他参与了圆明园内长春园欧洲式样建筑物的设计和施工，还曾一度担任过掌管皇家园林工作的奉宸苑苑卿的职务，官职为正三品。他将大半生的经历都奉献给了中西文化交流，将东方的传统绘画风格同西洋画风相糅合，创造出一种新技法、新画风，留下了许多传世佳品：如《百骏图》、《聚瑞图》、《乾隆平定准部回部战图》等，《罂粟图》就是郎世宁众多作品中的一幅。他对当时的文化艺术的发展做出了重要的贡献，代表了当时宫廷的艺术品位。

艺术来源于生活，高于生活。可是，虽然说艺术可以高于生活，但也不能背离最基本的常识，影视剧的拍摄亦是如此。影视剧《唐宫美人天下》中，在唐朝的皇宫里居然挂上了清代郎世宁的《罂粟图》，两者的年代相差太远了，虽然只是一个小小的道具，放错了地方，也会让观众质疑整部电视剧的真实性的，或许这里挂上初唐的名画会更好吧。

（郎世宁《八骏图》）

还想知道更多吗？

请参看：《中西文化交流先驱——从利玛窦到郎世宁》许明龙主编 东方出版社1993年版（"清代宫廷画家郎世宁"246页—272页）。

求 夏 畢 熊 葑
江 馮 江 甘 錢
邵 戈 隆 保 孫
柏 陳 麥 百 李

方 蔡 金 宏 周
陸 唐 秦 婁 吳
左 炊 皮 向 鄭

赵钱孙李
……

武
媚
娘

姓氏排名和《百家姓》

    电视剧《至尊红颜》，其中有这么一段情节，武媚娘遇到一扇机关门，门上装着若干姓氏按钮。这纯粹是电视剧中的杜撰，本无可厚非，只是门上的姓氏，居然是《百家姓》中的姓名排序，这就需要向感兴趣的读者解释一下了。

《百家姓》，宋时编，推崇赵，首开篇。

唐太宗，命人写，《氏族志》，李为先。

电视剧《至尊红颜》，其中有这么一段情节，武媚娘遇到一扇机关门，门上装着若干姓氏按钮。这纯粹是电视剧中的杜撰，本无可厚非，只是门上的姓氏，居然是《百家姓》中的姓名排序，这就需要向感兴趣的读者解释一下了。

中国的姓氏，由来已久，通过姓氏，不仅可以区别当时的各个氏族部落，也有联系血脉，共存共荣的意义。姓和氏最早是两个不同的名词，姓比氏的范围大。比如一个氏族部落，有一个共同的姓，但是随着人口的繁衍，必须要分成若干个分支部落，这些分支部落迁到不同的地方，又有了自己新的名称或标志，这就成了氏。直到秦始皇统一六国后，姓氏的区别才逐渐取消，成为我们现在所熟知的姓。

姓氏在古代被看得很重，是古人维系血缘关系，实现家族式整体发展的重要依据。东汉末年时，由于动乱不安，导致农民破产，土地流失到几个大地主手中，这些地主在不仅在当地独当一面，还把持着国家的政治命脉，在朝为官的人多半是他们的同姓亲属。魏晋南北朝时期，这种情况更为严重，如琅琊王氏、清河崔氏、范阳卢氏、荥阳郑氏等等，都是当时赫赫有名的大家族，别说普通的老百姓，就连皇帝都要看他们的脸色行事，以和他们攀上关系为荣。

这种情况到唐朝时才得到改变。唐代建国初期，清河崔氏仍是名门望族，拥有很大的地方势力，当时的名臣，如房玄龄、魏征等都争着和他们联姻。这使得唐太宗颇为不满，担心崔氏势力过大，影响自己的统治。因此，在贞观六年（632年），他下令礼部尚书高士廉等人写一本关于全国姓氏排名的书，叫《氏族志》。等书编好，呈给唐太宗看时，他极为不满，因为排名首位的仍是崔氏。于是他要求高士廉等人重写，并规定按照现有的官级高下为标准，最后皇族的李氏为第一位，崔氏降到第三，唐太宗这才满意。

等到了武周时，因为武则天的父亲武士彟曾是个木材商人，虽然富甲天下，社会地位却低下，在《氏族志》中根本排不上位，这影响了武则天及其家族的社会声望，也容易招致部分大族的蔑视。为了提高自己的在大族中的地位，她下令重新编写一部新的姓氏排名书。显庆四年（659年），该书完成，取名《姓氏录》，其中武姓和支持武则天的一批人的姓氏排到靠前的位置，一些无功劳的大族被排除在外。

《百家姓》则是宋朝人编的一本给儿童认字的启蒙读物。原收录姓氏411个，后增补到504个，其中单姓444个，复姓60个。书中第一句是"赵钱孙李"，之所以将赵放在第一位，也是因为当时的皇帝姓赵。其他姓氏排列则大致根据押韵上口而设计，并没有太多地维护大族名望的政治含义。

《至尊红颜》所反映的历史背景，正是唐太宗开始争夺

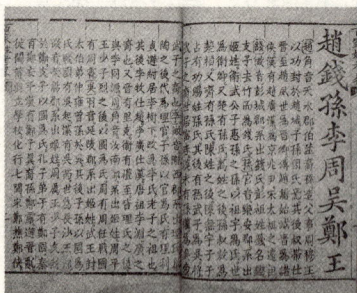

（《清百家姓考略》)

姓氏排名的时候，李家还没排第一，哪儿还有赵家的位子，这《百家姓》和"赵钱孙李"的排名，恐怕还要再等几百年，等有了赵匡胤再翻出来当机关按钮，供人玩文字游戏时使用吧。

还想知道更多吗？

请参看：《中国历史·隋唐辽宋金卷》张岂之主编 高等教育出版社2001年版（"《氏族志》、《姓氏录》的编撰与士庶合流"99页—100页）。

穿越唐代的玻璃镜

　　女孩家爱美，经常照着镜子打扮，连花木兰都如此，更别说别人了，但是，古人照的是什么镜子？电视剧《至尊红颜》，在闺房中出现了一面玻璃镜子，那么唐朝有玻璃镜吗？

古代人，照铜镜，整衣冠，理云鬓。

玻璃镜，后发明，明代时，传进来。

中国有句俗话，叫做"爱美之心，人皆有之"，古人也有爱美之心，美女在古代就很受欢迎。传说，商纣王身边的妲己、周幽王身边的褒姒都是绝世美女，不过，酒池肉林和烽火戏诸侯的故事，多少都和这两位美女有关，人们把亡国的责任全部放到她们的头上，于是美女成了千古罪人。

先秦时期的儒家虽不满意她们，但这并不妨碍儒家对美的追求。《诗经》中所谓的"关关雎鸠，在河之洲；窈窕淑女，君子好逑"也是古人追求美的体现。花木兰替父从军，在外征战十年，回家后做的第一件事，就是换回女儿装，还要"当窗理云鬓，对镜贴花黄"，把自己好好地打扮一下。

女孩家爱美，经常照着镜子打扮，连花木兰都如此，更别说别人了，但是，古人照的是什么镜子？电视剧《至尊红颜》，在闺房中出现了一面玻璃镜子，那么唐朝有玻璃镜吗？

中国人在4000多年前就发明了镜子。镜子在古时又叫做鉴，最早是一种陶制大盆，古人有时拿它装水。因为盆中的水面较大，人们发现装满水的鉴可以照到自己身影，于是鉴逐渐成为照人的工具，起先作为盆的功能反而消失了，形状由盆形变为平面，材质也随着科技的发展，从陶改为青铜。最迟到战国时，古人已掌握了制作鉴的原料和比例。《考工记》有"金有六齐"的说法，书中写道"金锡半，谓之鉴燧之齐"。"金"类似于现在所说的铜。将铜和锡按照1:1的比例，就能制作出青铜鉴。此后，人们根据审美的需要，将镜子制成各种样式，有的还刻有丰富的图案和铭文。但是，质地仍然以金属为主，或为铜、或为金银、或为铁，其中铜镜最为常见，并传到朝鲜、日本等国，成为人们日常生活中不可缺的用具。

至于玻璃镜，其实是一块透明玻璃，在一面镀上薄薄的金属层后，起反射作用。它出现于12至13世纪的欧洲。14世纪时，威尼斯人已经可以用锡箔和水银涂在玻璃表面制作镜子了。我们现在所见到的玻璃镜，是1835年德国化学家李比希发明的。他用还原剂，析出硝酸银中银，再镀到玻璃表面，形成反射层。玻璃镜早在明代就开始传入我国，乾隆时期才逐渐普及开来。民国时期，除了少数边远地区，全国已普遍使用玻璃镜了。

李比希（1803年—1873年）

刘禹锡（772年—842年）

唐朝时期，正值我国使用铜镜的繁荣时期，诗人刘禹锡就留有"湖光秋月两相和，潭面无风镜未磨"的诗句，把月下的湖面比喻成没有磨过的镜子，显出光泽暗淡的样子。要磨一磨才会更亮的镜子只能是金属质地，要是玻璃镜的话，早就磨成毛玻璃了。

（考古挖掘铜镜）

还想知道更多吗？

请参看：《天工开物——中国古代工艺大全》〔明〕宋应星著 南海出版公司2007年版（"铸镜"265页）。

你轩反了！

看古人如何作揖

电视剧《太平公主秘史》中，太平公主满月，皇帝甚是欢喜，大宴群臣，群臣也都"应时应景"地换了红色朝服来恭贺。这本来是一件喜气洋洋的事情，偏偏有个大臣不识好歹，竟然将右手放在左手外面，十足的"凶拜"。

古作揖，很讲究，手不同，分吉凶。

右包左，是凶拜，左包右，是正礼。

我国素有"礼仪之邦"的美誉，在古代的正式场合举行大典或朝廷礼仪时，用到的礼节非常繁复，如三跪九叩、三跪三叩、三跪三拜、八拜、四拜、二拜等，而简单一点的礼节有稽首、叩首、顿首、空手、作揖、拱手、颔首（答礼）等，其中最常见的莫过于作揖。

作揖礼源于周代以前，到现在已经有3000多年的历史了。它是一种旧式行礼方式，两人见面，双手相叠，身体向前弯，表示对对方的问候，跟握手的意思差不多，而且比握手这种礼节更加干净、卫生、方便而且姿势优美。

作揖的姿势其实是有相当讲究的，一般来说，男子作揖右手握成拳头状，左手掌伸开，伸开的左掌把右拳包住，拳眼（食指弯曲处）应朝向自己，两臂微微下垂。之所以用左手包住右手，是因为古代人认为人通常使用右手攻击别人，所以作揖的时候用左手包住右拳，表示对人的真诚与尊敬。因此，这样的作揖手势被认为是"吉拜"。相反，如果男子左手握成拳头状，右手伸开包住左拳，则是"凶拜"的意思。一般古人只有在吊丧的时候才会做这个手势。在女子作揖的情况下则相反。清代学者段玉裁在《说文解字注》中说，古代女子也行作揖礼，女子作揖是左手在内，右手在外。但是，这种情况比较少，被后世所遗忘，女子以道万福礼为主。

段玉裁（1735年—1815年）

作揖又分为多种形式。比如，土揖是拱手前伸而稍向下；时揖是拱手向前平伸；天揖是拱手前伸而稍上举；特揖是一个一个地作揖；旅揖是按等级分别作揖；旁三揖是对众人一次作揖三下。此外，还有长揖，即拱手高举，自上而下向人行礼。这些礼数都要根据不同的对象和情况依礼而行。

现在民间的很多场合如婚嫁等场合还有着作揖这种传统礼节，并且，在武术表演之前和结束之后也会行作揖礼。但很可惜，这种优美的见面礼仪已经渐渐地被遗忘了，基本上被握手和拥抱代替。

电视剧《太平公主秘史》中，太平公主满月，皇帝甚是欢喜，大宴群臣，群臣也都"应时应景"地换了红色朝服来恭贺。这本来是一件喜气洋洋的事情，偏偏有个大臣不识好歹，竟然将右手放在左手外面，十足的"凶拜"。要知道在朝廷之上行错了这样的手势，那可是要被杀头的。

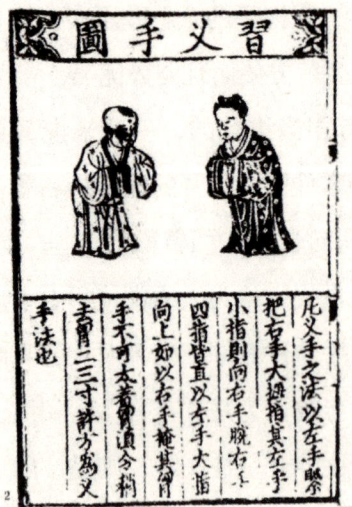

（《事林广记》义手之法）

还想知道更多吗？

请参看：《中国古代的礼仪制度》朱筱新著 商务印书馆 1997年版（"仪表举止"132页—134页）。

把武媚娘
送到匈奴

武媚娘能和亲匈奴吗

　　和亲如此之苦，怪不得电视剧《至尊红颜》中，萧淑妃和盈盈要陷害武媚娘，建议唐高宗把她送到少数民族地区和亲，这对于故事情节来说，倒也未尝不可。只不过二位女士建议送到匈奴去和亲，就缺乏历史常识了。

古和亲，很艰辛，离亲人，嫁远方。

汉匈奴，很兴盛，唐朝时，近遗忘。

中国古代的和亲制度，一般指的是中原王朝对待西北少数民族的一种政策，每当中原王朝和西北少数民族产生对立，而又无法通过武力制止后者的骚扰时，往往会采取一种安抚的方法，和亲就是其中最典型的。中国历史上有很多次的和亲，和亲的女方都是"公主"，但是很少真的是皇帝的女儿，她们通常都是皇帝的远房亲戚，甚至和皇帝没有任何亲属关系，而被皇帝认为义女，远嫁他乡。历史上最著名的和亲女子，就要数王昭君和文成公主了。

文成公主（625年—680年）

虽然和亲中的女方能成为皇后，但这并不被视为一项好差事，主要的原因就在于要嫁到边远的少数民族地区，那里的生产落后，生活习惯和内地也不一样，因为远嫁他乡，以后要见到自己的家人也是不可能了，所以如果是谁被选为和亲的人选，就和流放差不多了。《红楼梦》中关于贾探春的判词写道："一帆风雨路三千，把骨肉家园齐抛闪。恐哭损残年，告爹娘，休把儿悬念。自古穷通皆有定，离合岂无缘？从今分两地，各自保平安。奴去也，莫牵连。"其实曹雪芹笔下的探春就是去远方和亲的，只是曹雪芹死后，高鹗并没有按照这个结局写探春罢了！

和亲如此之苦，怪不得电视剧《至尊红颜》中，萧淑妃和盈盈要陷害武媚娘，建议唐高宗把她送到少数民族地区和亲，这对于故事情节来说，倒也未尝不可。只不过二位女士建议送到匈奴去和亲，就缺乏历史常识了。

匈奴本是古代生活在蒙古大漠中的游牧民族，早在先秦时期就已经出现了。六国时，秦国、赵国等都修建了长城，很大一部分原因就是为了防范匈奴南下。秦始皇统一中国后，派大将蒙恬于公元前215年攻打匈奴，将其赶出河套地区。西汉时期，匈奴的势力一度强大，曾经把汉高祖刘邦困在大同市一带的白登山，幸亏用丞相陈平之计，才突围而逃。从此，汉朝开始正视匈奴的力量，陆陆续续地展开了和亲和战争相结合的政策。汉武帝时期，汉朝国力强盛，卫青、霍去病等人北击匈奴，大败伊稚斜单于，匈奴从此开始衰落。东汉初年，匈奴发生了严重的自然灾害和政治分裂，形成了南匈奴和北匈奴两个政权。南匈奴逐渐和汉民族融合，而北匈奴则在随后的几十年与东汉的交战中，连吃败仗，已无力在大漠立足，只好西迁，逐渐退出了历史舞台。

南北朝时期，中国北方还有匈奴，但是早已汉化，不在保有原先的民族特性。虽然建立过前赵、夏、北凉等政权，但是都不长久，且又被其他少数民族吞并，匈奴人最终四分五裂了。

唐朝时，匈奴连同他们的政权，早已灰飞烟灭了，此时北方的少数民族是新兴的突厥，西部则有吐蕃崛起，要是武媚娘和亲的话，也只可能是突厥，或者西方的吐蕃，哪儿有什么匈奴呢？

（《昭君出塞》邮票 小型张1994年）

还想知道更多吗？

请参看：《中国古代边疆政策研究》马大正主编 中国社会科学出版社 1990年版（"和亲论" 424页—464页）。

先生，您听听
这都什么逻辑

没有逻辑的逻辑

　　《神探狄仁杰》中元芳听到有位女侠说劫富济贫不如打劫好，说了句"这是什么逻辑"！其实，女侠完全可以告诉他，你都能说这么没有逻辑的逻辑了，还不带我去打劫啊？

逻辑学，很严密，有思考，论理性。

清末时，方传入，唐朝时，难说起。

中国人向来有逻辑概念，孔子的学生子路有一天问过他一个政治问题："如果卫国请你去执政，你该怎么做？"孔子很严肃地回答了这个问题，最后得出的结论是要先正名分，因为名不正则言不顺，言不顺则事不成，事不成则礼乐不兴，礼乐不兴则刑法不中，刑罚不中则民无所措手足，讲授了一套正名分与治国之间的含有儒家色彩的逻辑关系。还有一个公孙龙，有一次他骑着白马过关，守关的人把他拦下，只准人过，不准马过，结果他苦口婆心地向守关人灌输白马和马之间逻辑关系的不对等，忽悠出"白马非马"的结论，这也成为先秦诸子中名家的代表观点。

可见，不论是一般百姓，还是帝王将相，只要能说话，要干事，总能做到符合逻辑，有条不紊。然而，我们的先人总是重实践，许多东西他们都能做，却缺乏必要的理论总结，无法建立完整的学科体系。这种情况一直到晚清才得以改善，随着西方学术通过各种渠道传入中国，当时的有识之士接触很多新的学科，其中也就有逻辑学。

逻辑，最早是个外来词，英文写为"logic"，它来源于logos，它不光有语言、交谈、原则等意思，更包含了理性、思考、关系、因果等因素。西方人重视logos，将其视为整个哲学体系的核心，是支配世界的规律和原理。因此，早在两千多年前，古希腊学者亚里士多德就创立了最早的逻辑学，

亚里士多德（前
384年—前322
年）

并由德国古典哲学家开辟出新的领域，

严复（1854年—
1921年）

中国人知道"逻辑"一词，始于清末学者严复。他在翻译西方著作时，遇见"logic"时，采用音译的方法，翻译成"逻辑"。当时，日本人翻译"logic"为"论理"，这是一种意译的方法，并很快传到中国，被国人所熟知。

晚清时，如果出现"逻辑"一词，是符合历史逻辑的，因为那时有个严复。如果在唐朝出现的话，就不符合历史逻辑了。《神探狄仁杰》中元芳听到有位女侠说劫富济贫不如打劫好，说了句"这是什么逻辑"！其实，女侠完全可以告诉他，你都能说这么没有逻辑的逻辑了，还不带我去打劫啊？

（严复）

还想知道更多吗？

请参看：《汉语外来词》史有为著 商务印书馆 2000年版（"近现代汉语外来词概观 上" 62页—78页）。

就凭你的三脚猫
还行侠仗义?

三脚猫的起源

电视剧《神探狄仁杰4》第14集中，元芳因为剧情需要，形容一位
蹩脚的女侠为"三脚猫的功夫"。那么，这个词是唐代有的吗?

三脚猫，是贬义，陶宗仪，初记录。

嘉靖时，有真猫，三条腿，南京住。

提起三脚猫，很多人都会知道这是个贬义词，某人要是对某事一知半解，而又故意在公众场合吹嘘卖弄的话，别人就会说，"这人充其量就有点三脚猫功夫"，言外之意，此人是没有真才实干的，就像卖假酒一样，外面看着是轩尼诗，其实就是二锅头兑的白开水。类似的谚语还有半坛子醋。一般来说，过去北方人好说半坛子醋，而江浙一带多用三脚猫这个词，尤其以扬州、上海等地为甚。不过现在，这两句话已经被中国人所接受，并不严格区别南北。电视剧《神探狄仁杰4》第14集中，元芳因为剧情需要，形容一位蹩脚的女侠为"三脚猫的功夫"。那么，这个词是唐代有的吗？

陶宗仪（1329年—约1412年）

实际上，三脚猫最早出现于元末明初的学者陶宗仪所写的《南村辍耕录》一书中。他在其中记载了一件事，当时有个叫张明善的人，写了一首名为《水仙子》的北乐府，讥讽时政，曲子的内容是这样的："铺眉苦眼早三公，裸袖揎拳享万钟，胡言乱语成时用。大纲来都是烘。说英雄，谁是英雄？五眼鸡岐山鸣凤，两头蛇南阳卧龙，三脚猫渭水非熊。"主要说的是，凡是坐上统治者宝座上的人，都是装模作样，胡言乱语的人，即使如周文王、诸葛亮和姜子牙一类被称为英雄的人，也都是五眼鸡、两头蛇和三脚猫，从来不会真正为老百姓考虑。陶宗仪记录这样一首曲，也客观表达了他对张明善的赞赏及对政治的不满，三脚猫也由此流传开来。明代藏书家郎瑛在他写的《七修类稿》中提到了一只生活在嘉靖年间真正的三脚猫，它就住在南京的神乐观。这只猫很善于捕鼠，但唯一不足的就是它只有三条腿，走起路来不像样。根据书中的记载，当时在社会上已经称做事不能彻底的人为三脚猫了。

郎瑛（1487年—1566年）

嘉靖年间（1522年—1566年）

但是，为什么我们要说三脚猫，而不是三脚狗或三脚马什么的呢？又有一种说法认为"猫"最早应该写成"锚"。晚清时，上海的南码头经常划来一艘卖艺的船，船上有一位老者功夫十分了得，且力大无比，他在打拳时，不使别的兵器，双手各拿一支几十斤重的有三个角的铁锚。他的名声在上海迅速传开，大家都知道有个耍"三角锚"的人。后来这位老者到别的地方谋生去了，再有练拳的人，也没有老者的功夫高，只能说有点三角锚的功夫，时间一长，三角锚就成了三脚猫了。当然，这只是个传说而已，倒可以为我们解释江浙一带人喜欢说"三脚猫"提供一些线索。

把三脚猫提高到代名词的高度，当做一顶扣在某些人的头上的大帽，最早还是在元末明初。所以，可以肯定地说，元芳或许见过三脚猫，"三脚猫功夫"却轮不到他来说。

（陶宗仪《南村辍耕录》）

还想知道更多吗？

请参看：《南村辍耕录》〔元〕陶宗仪著 文化艺术出版社1998年版（"二十八卷 水仙子"394页）。

拨调给甘凉道的
五百万两饷银

500万两饷银

看看电视剧《神探狄仁杰3》中，武则天所说的要拨调给甘凉道的
500万两饷银，可是拿哗啦啦的白银当军饷啊！殊不知，说到银两就有
疑问了，还一次性这么大的数量，实在是银两的集体大穿越了。

古货币，铜钱铸，多流行，日常用。

明代兴，银流通，出美洲，入欧洲。

　　说起中国的货币，可谓历史悠久、文化独特。秦朝统一了货币，以黄金为上币，以镒为计算；以秦国的铜币为钱，作为日常流通。秦代的这种钱是圆形方孔形式，与古人的天圆地方的宇宙观相符合，又便于使用，因此一直流传下来。汉承秦制，定黄金为一等币，单位以斤计，以铜钱为二等币。后来，汉武帝废止以前各钱，统一铸造五铢钱，流通一直延续到隋末。

　　到了唐代，五铢钱有了很大变化。《旧唐书》中说唐高祖承位后仍用隋朝的五铢钱，一直到武德四年（621年），废除五铢钱，实行开元通宝钱，开元通宝直径八分，积10文重1两，这就是现在所熟悉的1两10钱制。

　　当时政府的钱都是由官府监制，在洛、并、幽、益等州设立钱监，并各赐秦王、齐王3炉铸钱，右仆射裴寂赐1炉。这是官方允许的造钱铺子，等于现在的垄断性行业。如果私自铸钱的话，不仅要砍头示人，同时家人也要没入官府或流配远方。可见，在武周时期，铸钱制度足够严厉。但这种严厉并不能控制小民，在经济利益的驱使下仍有人私自铸钱。

武则天（624年—705年）

　　说到这里，看看当时货币的流通情况吧。武则天在世时的大唐帝国，每年税钱，分为9等：上上户4000文，上中户3500文，随后递减。一个钱监库，如江淮钱监每年才铸钱45000贯（1000钱为1贯）。可见，当时的流通货币是以钱来

135

计算，材质主要是铜。

看看电视剧《神探狄仁杰3》中，武则天所说的要拨调给甘凉道的500万两饷银，可是拿哗啦啦的白银当军饷啊！殊不知，说到银两就有疑问了，还一次性这么大的数量，实在是银两的集体大穿越了。

从考古发现来看，白银作为货币最早见于河南扶沟县古城西门出土的一批春秋时的银质空首布，但数量比较少。西汉时期曾铸行"白金三品"，最终也推行不下去。直到唐末五代，白银才有进入流通的趋势，到明中叶间发展成为普遍通用的正式货币。因为，随着哥伦布新大陆的发现，美洲金银被运到欧洲，随着中国与欧洲对外贸易的发展，大量的白银流入中国。这些白银对16、17世纪的中国产生了多方面的积极影响。明正统元年（1436年）起，国家解除用银禁令，以征收"金花银"为标志，形成大额交易用银、小额支付用钱的银、钱并用的货币流通制度。银以重量计，以两为单位。到了清代，仍是银、钱并行，规定白银1两合铜钱1000文，虽然在实际上会经常变化。

（开元通宝钱）

还想知道更多吗？

请参看：《中国古代钱币略说》高英民、张金乾著 地质出版社1996年版（"隋唐货币"159页—178页）。

爆竹一声辞旧岁
总把新桃换旧符

爆竹声中一岁除

　　这首诗节奏轻快，色调明朗，可谓是描写春节诗作中的佼佼者，千百年来被广为传诵。这次这首诗不仅流传在民间，甚至进入了唐朝的皇宫里。

《元日》诗，宋时作，节奏轻，很温馨。

王安石，是后人，唐太子，未得闻。

王安石（1021
年—1086年）

《元日》

王安石

爆竹声中一岁除，

春风送暖入屠苏，

千门万户瞳瞳日，

总把新桃换旧符。

《元日》这首诗节奏轻快，色调明朗，可谓是描写春节诗作中的佼佼者，千百年来被广为传诵。这次这首诗不仅流传在民间，甚至进入了唐朝的皇宫里。

在影视剧《杨贵妃秘史》中，当太子、五王爷、八王爷听说李瑁被除去王位时，太子对两位王爷感慨地说道："爆竹声中一岁除，总把新桃换旧符"，借以表达自己当时的欢快心情。乍看之下，这首诗的确能反映太子当时的心情，可是仔细一琢磨，发现情况不对，唐朝的太子竟然会背北宋王安石的诗，这隔了五六百年以后才出现的诗居然从唐朝的太子的嘴巴里吐出，真是太有才了，莫非太子能先知先觉？

这首诗作于元日，即春节大年初一。这是一年中最早的节日，也是中国人最重视的节日，俗称过年。春节为过年，年初一即为元日，在元日的早上一般会放爆竹，这个习俗开始于汉代。那时放爆竹主要是为了恐吓一种叫"山臊"的恶鬼。有一种传说，这种恶鬼居住在西方的一座深山里，有一尺多高，只要有人碰到它就会生一场大病。但是这个恶鬼有个特点，就是特别怕听爆竹声。于是人们在元日早上起床后的第一件事就是放爆竹，用来驱赶"山臊"，使它不敢进门。这个习俗从汉代开始一直沿用至今。

屠苏则是一种药酒。相传这种屠苏酒非常神奇，《本草纲目》中曾描述它说，这个屠苏酒是华佗的药方，喝了它就不会得传染病、流行病和其他的不正之气。而把元旦饮过的屠苏酒的药渣放入井中，一年中饮用这个井里的水，一生都不会得病。于是在古代除夕，家家都泡了屠苏酒，然后把它吊在井里，等待正月初一取出，全家按照从幼到长的秩序逐个喝酒，以求在新的一年里去病驱灾。喝了这屠苏酒，人们就能感觉暖洋洋的春天来了。

在暖洋洋的春风里，家家户户开始在自己门上挂上新的桃符。先人们相信桃木可以辟邪，先秦的时候人们便在春节这一天在门上竖起桃弓、桃梗、桃人来驱鬼辟邪。汉魏时期，人们直接在桃木板上刻上神荼、郁垒两个"神"的名字或画他们的神像，在正月初一天亮不久就持到门上来以"祛邪得福"。此后这种习俗传承下来逐渐演变成了我们今天的春联。

王安石是北宋的诗人，同时也是北宋的政治家。他的很多诗看似描景绘物，往往却暗含着更深层次的政治寓意。就像这首《元日》，看似在写春节的各种民俗活动，场面热闹，实际上是在抒写自己变法革新、强国富民的政治抱负。身在唐朝的太子又安能知道王安石的心思呢？

（《春节》邮票小型张2000年）

还想知道更多吗？

请参看：《中国古代节日文化》宋兆麟、李露露著 文物出版社1991年版（"春节"1页—11页）。

李隆基祖父李显
唐中宗

李隆基的祖父是谁

　　没想到，电视剧《杨贵妃秘史》中也犯起了错。其字幕上写明唐中宗，只是下面还带上附录——李隆基的祖父。李显是唐中宗没有错，但是若说李显是李隆基的祖父可就错了。

唐玄宗，李隆基，其父亲，是睿宗。

唐中宗，是李显，其父亲，是高宗。

　　话说唐朝前期皇帝之间的伦理关系，从现代人的眼光看，也未免有点"混乱"。明明是父亲的才人武则天，在先皇驾崩后，去感业寺住了一段时间，回来后就成了昭仪，直至成为皇后、女皇。明明是儿子寿王的王妃杨玉环，改名太真，做了道姑后，转身一变，就成为皇上的贵妃。明明是唐睿宗李旦这个皇帝当得好得很，又要在母亲的威慑下，将好端端的天下奉上，倒成了"母继子位"了。又后来，唐中宗和唐睿宗这两人又如转马灯一般你来我往，两人分别二度登基，分不清个前后顺序了。说了这么多复杂的关系，大家都会有点昏晕，分不清，理还乱了。

　　没想到，电视剧《杨贵妃秘史》中也犯起了错。其字幕上写明唐中宗，只是下面还带上附录——李隆基的祖父。李显是唐中宗没有错，但是若说李显是李隆基的祖父可就错了。

李旦（662年—716年）

　　李隆基的父亲是李旦，李旦是唐高宗第八子，武则天幼子，名旦，又名旭轮，他两度在位，时间分别是文明元年至载初二年（684年—690年）和景云元年至延和元年（710年—712年），共在位8年。公元712年禅位于子李隆基，称太上皇，5年后驾崩，享年55岁，葬于桥陵，谥号玄真大圣大兴皇帝。

李显（656年—710年）

　　而唐中宗李显是李治的第七子，武则天的次子，乃是李旦一母所生的兄长。他运气真不够好，年轻时有母亲武则天压制，随后又被自己的老婆韦皇后和女儿安乐公主所控制。按照《资治通鉴》上的说法，因为韦皇后的两个情人杨均和马秦客害怕和皇后私通，而皇后又想当皇帝，安乐公主想当皇太女，都觉得中宗碍手碍脚，于是，大家联合搞出了一碗毒汤饼，将李显毒死，后来其谥号为大和大圣大昭孝皇帝。

因此，李显和李旦是兄弟关系，也就是说李隆基的祖父明明白白是唐高宗李治，这个附注可真是狗尾续貂，多此一句了。

前任忠谅後嗣邪克
靡不有初鮮克有終

唐玄宗

（唐玄宗 李隆基）

还想知道更多吗？

请参看：《中国的皇帝：隋、唐、五代十国、北宋、南宋》时惠荣等编著 南京大学出版社2000年版（"李显"76页—81页"李旦"84页—88页）。

希望将军早日
直捣黄龙

司寇京汴

黄龙府和龙王庙

　　电视剧《少年杨家将》中，有一个花大娘祝愿辽国军队能早日直捣黄龙，入主中原，殊不知实在是说了一句傻话。

黄龙府，古扶余，辽金时，属重镇。

宋岳飞，想要取，花大娘，莫乌龙。

中国有句成语叫做"直捣黄龙"，看到它，想到的就是深入敌军腹地，捣毁敌军巢穴，一战定胜负。历史上，直捣黄龙似的战例颇多，早在商纣时期，周武王伐商，在牧野（今河南省新乡市附近）聚集了各路诸侯，势如破竹，直接杀到商的都城朝歌，纣王自焚而亡。然而，当我们在使用直捣黄龙这句成语时，是否想过黄龙是什么？好好的黄龙为什么要"捣"？

其实，黄龙并不是传说中的龙，也不是其他的动物，它实际上是古代的一个地名。黄龙即是黄龙府，遗址位于现在的吉林省农安县，在辽金时期是重要的军事重镇，也是一座繁华的都市。黄龙府，先前叫做扶余府，辽太祖耶律阿保机在晚年征战过程中，于926年平定此地，不过当年就在这里去世。史书记载，辽太祖驾崩的前一天晚上，有颗大星坠落在太祖居住的帷帐前。第二天，有人见到一条长约一里的黄龙绕城盘旋，光耀夺目，之后飞进宫殿之中，还有紫黑色的云气布满了天空，紧接着辽太祖就断了气。因为扶余府出现了这样怪异的现象，所以之后改名黄龙府。

契丹族没落后，女真族逐渐兴盛，他们的首领完颜阿骨打建立金国，并且使辽国濒于灭亡。相应的，这座著名的城市也落入了金人的手中。1127年，金国灭亡了北宋，金兵将宋徽宗和他的儿子宋钦宗俘虏北上，曾经有一段时间就把他们囚禁在黄龙府。南宋初年，金国名将完颜宗弼，又名兀术，一路南侵，屡屡大败宋军，他手下有一名大将，名叫韩常，字元吉，本是汉人，燕京（今北京）人氏，此人有万夫不当之勇，在帐下屡建战功，受到兀术责打，心生不平，预谋带领5万金兵归附南宋。抗金名将岳飞得知此消息后大喜，他对部下说，要是真能这样，宋军一定会直抵黄龙府，到时候与你们在那里痛饮。这就是直捣黄龙的起源，表达了岳飞要挥师北上，收复故土的强烈愿望。岳飞这么说自然可以，要是辽国人这么说了，就出问题了。

完颜宗弼（？—1148年）

岳飞（1103年—1142年）

电视剧《少年杨家将》中，有一个花大娘祝愿辽国军队能早日直捣黄龙，入主中原，殊不知实在是说了一句傻话。就好像杨家将对宋国军队说要直捣东京（北宋都城，今河南省开封市），驱逐辽人一般。中国有句谚语叫"大水冲了龙王庙，一家人不认一家人"，如果比喻黄龙府是龙王庙的话，大水只能是那个"六亲不认"的花大娘了。

（文徵明《岳飞图》局部）

还想知道更多吗？

　　请参看：《中国通史·第七卷·五代辽宋夏金时期 上册》白寿彝主编 上海人民出版社（"争夺燕云的宋辽之战"235页—240页）。

宋真宗与苏东坡

电视剧《杨门女将之女儿当自强》中，且不说宋真宗皇帝被塑造成为一个昏庸至极的皇帝，又傻又逗乐，单说杨门女将得到八贤王和天官的担保，在比试胜利后佘太君得以封帅出征时，皇帝背后的金色大屏风上赫然书写着苏东坡的《念奴娇·赤壁怀古》，可真是怪异十足。

杨家将，武艺强，守子民，护边疆。

《念奴娇》，写作迟，在那时，未传世。

杨家将的故事传来已久，天下闻名。历史上确有令公杨业和令婆佘赛花其人，只是佘太君并不姓佘，而是姓折，后来说书人以讹传讹，用了同音字，就成了佘姓。大家都知道杨家将名扬天下，殊不知，折家也是名将颇多，数代东抗契丹，西御西夏，号称"折家军"。

但是从史书的记载上看，杨家诸将大多位列偏裨，并不是北宋政治舞台上的中心人物，只是在民间传说的故事中，被演绎成为一门系国安危，一人决定乾坤的主角。这些人物故事不断演化，并且越演越多，越分越细，随之出现的有七郎八虎，还有独特的风景线——杨门女将。

杨门女将共有22人，以佘赛花为首，后有大郎之妻花解语周云镜、二郎之妻耿金花邹兰秀、三郎之妻董月娥、四郎之妻孟金榜铁镜公主、五郎之妻马赛英、六郎之妻柴郡主王兰英、七郎之妻呼延赤金杜金娥、八郎之妻蔡绣英耶律银娥、杨八姐杨延琪、杨九妹杨延瑛、烧火丫头杨排风、杨宗保之妻穆桂英、杨宗英之妻姜翠苹、杨宗勉之妻焦月娘、穆桂英之女杨金花。她们各有杀手锏，美貌与智慧并存，换在现代，那就真是一个无与伦比的女子战斗连，战斗实力超强。

电视剧《杨门女将之女儿当自强》中，且不说宋真宗皇帝被塑造成为一个昏庸至极的皇帝，又傻又逗乐，单说杨

宋真宗（968年—1022年）

门女将得到八贤王和天官的担保，在比试胜利后佘太君得以封帅出征时，皇帝背后的金色大屏风上赫然书写着苏东坡的《念奴娇·赤壁怀古》，可真是怪异十足。

宋真宗可是宋朝第三位皇帝，名赵恒，他997年继位，1022年崩，享年55岁，在位26年。若以辽国入侵，皇帝亲征，双方在距首都汴京300里外之澶渊会战，以这件历史事件为背景的话，这应当在1004年，退一步来说，直到宋真宗去世1022年计算，这时候的苏轼还没有出世呢。

苏轼（1037年—1101年）

苏轼，字子瞻，号东坡居士，眉州眉山（今属四川）人。他是北宋文学家、书画家，其经典作品《念奴娇·赤壁怀古》这首词明明作于神宗元丰五年（1082年），哪有机会得到宋真宗的赏识呢？还要书写在屏风的黄绢上，实在是苏轼诗词的"大穿越"啊！

（苏轼）

还想知道更多吗？

请参看：《中国历史·隋唐辽宋金卷》张岂之主编 高等教育出版社2001年版（"宋辽夏鼎立局面的形成"203页—207页）。

嘉靖四十五年七月十五日

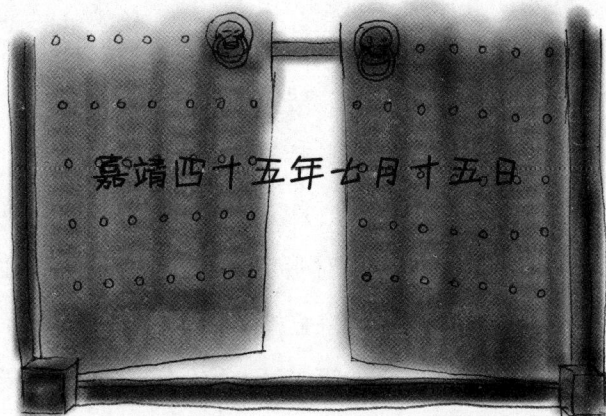

嘉靖四十五年的严嵩

《大明王朝1566》中在第27集中一开始就出现了嘉靖四十五年七月十五日，这和电视剧前后的时间背景都接不上，让人摸不清头脑，怎么了？都嘉靖四十五年（1566年）时，严嵩还在处理朝政吗？要知道，嘉靖四十一年（1562年）严嵩就已经倒台了。

说严嵩，是权臣，明嘉靖，受宠信。

蓝道行，恶言进，后徐阶，来代替。

说起严嵩，只要对明朝历史稍微有些了解的人，都会知道这个人，他在明世宗嘉靖皇帝朝中，以权臣而著称，一度成为位及皇帝之下的第二号人物。因为他的特殊地位，所以在拍摄关于嘉靖皇帝的影视剧时，总是少不了他，譬如电视剧《大明王朝1566》。不过，《大明王朝1566》中在第27集中一开始就出现了嘉靖四十五年七月十五日，这和电视剧前后的时间背景都接不上，让人摸不清头脑，怎么了？都嘉靖四十五年（1566年）时，严嵩还在处理朝政吗？要知道，嘉靖四十一年（1562年）严嵩就已经倒台了。

严嵩，字惟中，分宜（今江西省分宜县）人。弘治十八年（1505年），25岁的严嵩就已经考取了进士，还被授予翰林院编修一职，真可谓年轻得意。不过，正在他仕途有望的时候，他却借口生病，辞官回家，在家乡钤山上建了一所钤山堂，潜心读书，过起了隐士一般的生活。

直到正德十一年（1516年），严嵩回归官场。到1528年，严嵩的的机会来了。这一年，他被嘉靖皇帝派出查看嘉靖皇帝父母的陵墓中立石碑的情况。回朝后，他上了两道疏，一个是关于河南的灾情，另一个是关于立石碑时看到了祥瑞。因此，他受到嘉靖皇帝的赏识，仕途开始平步青云，先被任命为武英殿大学士，入直文渊阁，掌礼部尚书事，后又被给予"太子太傅"的荣誉。随着官职的显耀，严嵩在朝

严嵩（1480年—1567年）

中开始飞扬跋扈起来，排除异己，安插自己的势力，官员呈上的奏章，全部要经过他先审阅，提出处理意见后，才能最终交到皇上手中。

这样的专权，让皇帝心里也发慌。嘉靖皇帝开始疏远严嵩，任用徐阶及其手下，徐阶乘此机会开始检举严嵩。严嵩这时也已是82岁高龄，处理政事也慢慢吞吞、糊里糊涂，他的地位渐渐被徐阶所取代了。直到嘉靖四十一年（1562年）农历五月，严嵩有一日向嘉靖皇帝上了一份密奏，谁知被徐阶事前知道了，他指示皇帝身边一个叫蓝道行的方士，对嘉靖皇帝说今日有奸臣上奏。嘉靖皇帝本来就信奉神仙，又对严嵩不满，看见严嵩时，就联想到了奸臣。这件事，被一个名叫邹应龙的御史无意中得知，干脆参了严嵩一本，告严嵩和他儿子严世蕃不法。于是，嘉靖皇帝借此将严嵩撤职抄家，严世蕃也被入狱问罪，最后被处斩。严嵩回到江西，往日风光不在，凄凉悲惨，1567年就死了。

很明显，电视剧《大明王朝1566》中的时间设定错了，根据剧情，这时还应该是嘉靖四十年才对。

（朱厚熜）

还想知道更多吗？

请参看：《剑桥中国明代史》〔美〕牟复礼、〔英〕崔瑞德编 张书生等译 中国社会科学出版社1992年版（"嘉靖时期·严嵩掌权"523页—525页）。

孝庄寝宫里的《雨霖铃》

　　《雨霖铃》这首绝美的艳词，挂在帘栊之后，的确是赏心悦目之雅事。但是，在孝庄文皇后的卧室挂上这么一副绝妙艳词，似乎又有些矫情，不伦不类了。如同二八少艾拿起铁头快板，大唱水调歌头；又或是普通的凡夫走卒满嘴之乎者也，真是戴错了帽子，唱错了山歌。

《雨霖铃》，柳永作，写爱情，艳语多。

孝庄文，为太后，宫闱中，把柄落。

柳永（约987年—约1053年）

人人都知《雨霖铃》是北宋词人柳永的代表作。柳永原名三变，排行第七，又称柳七。他很长时间都待在妓院巷里，大部分的词诞生在青楼的笙歌艳舞中，有人戏称他是青楼专业词作者。有故事说因为他喜作艳词，所以有人说他情操不高，当有人举荐他时，仁宗皇上说：莫非就是那个填词的柳三变，且去填词吧！从此，断了他的仕途。他于是更加放浪形骸，打出"奉旨填词"的旗号来。但是他的作品却真是柔美婉曲至极。

《雨霖铃》自然也不例外。《雨霖铃》这个词牌原来是唐代的教坊曲，相传唐玄宗为了躲避安禄山之乱而跑到蜀地后，因为天天阴雨，又在栈道中听到铃声，让他想起死去的杨贵妃，皇帝觉得抑郁了，不能自已，制作此曲。后来柳永就用这首曲子作为词调，填上词，抒发了情人之间难分难舍的感情。实话说，它确是古代诗词中的佳作，还荣登上现代的《语文》课本。

雨 霖 铃

柳 永

寒蝉凄切，对长亭晚，骤雨初歇。都门帐饮无绪，留恋处，兰舟催发。执手相看泪眼，竟无语凝噎。念去去，千里烟波，暮霭沉沉楚天阔。

多情自古伤离别，更那堪，冷落清秋节，今宵酒醒何处？

杨柳岸，晓风残月。此去经年，应是良辰好景虚设。便纵有千

种风情，更与何人说？

但是，荣登课本尚不是它的十足的荣耀，挂到皇宫内院，才是它"历史性"的突破。在电视剧《大清风云》中，孝庄文皇后的卧室中就刻写着这么一首《雨霖铃》，偌大的屏风，偌大的字，想回避都回避不了。但是，在太后的深宫大院，尤其是起居卧室中，刻写这样的诗词，真让人摸不着头脑，又不得不生出无限遐想来。这是太后在日夜思念着某个心上人吗？又或者，这是在暗示着野史中孝庄文皇后的"下嫁"之谜？关于这个谜团，各家说法不一，清史大家孟森先生主张这仅是敌国的传闻，相当于现在的"绯闻"。但是，胡适先生极不赞成此说，因为史料中对多尔衮确实有"皇父"之称，而"皇父"的称法不容小觑。电视剧中的这个道具摆设实在供人玩味。

历史上的孝庄文皇后，博尔济吉特氏，名布木布泰，也作本布泰，是蒙古科尔沁部（在今通辽）贝勒寨桑的次女，后嫁皇太极，崇德元年（1636年）皇太极称帝后受封为庄妃，其子顺治帝即位后尊为皇太后，其孙康熙帝继位后尊为太皇太后。

《雨霖铃》这首绝美的艳词，挂在帘枕之后，的确是赏心悦目之雅事。但是，在孝庄文皇后的卧室挂上这么一副绝妙艳词，似乎又有些矫情，不伦不类了。如同二八少艾拿起铁头快板，大唱水调歌头；又或是普通的凡夫走卒满嘴之乎者也，真是戴错了帽子，唱错了山歌。

（汤贻芬《雨霖铃词意图》）

还想知道更多吗？

请参看：《孟森学术论著——清史讲义》孟森著 吴俊编校 浙江人民出版社1998年版（"开国·世祖"120页—138页）。

郑板桥的"难得糊涂"

电视剧《康熙微服私访记4》中，有个骗子到康熙开的布店行骗，手中拿把折扇，扇面分明写着"难得糊涂"，岂不知康熙年间没这四个字吗？看来，扇子上应该写"难得明白"才对。

郑板桥，善书画，入仕途，不得意。

未明白，难糊涂，康熙时，怎出现？

在中国历史上，要是说到揣着明白装糊涂的，也许要说是郑板桥了，原因在于他写了"难得糊涂"四个字。一句"难得糊涂"把个郑板桥对官场政治的不满和对社会现实的无奈，描写得淋漓尽致，甚至在后世成为一种"糊涂哲学"。不过，对于这个自称是"康熙秀才、雍正举人、乾隆进士"的人，这"难得糊涂"到底写于何朝，似乎还是需要澄清一下。

郑板桥，名燮，字克柔，江苏兴化人，是清朝著名的书画家和文学家，"扬州八怪"之一。他的诗书画造诣极高，尤其善于画竹。不过，这个人在官场上却不得志，只做过知县。只因为这个人在做官时过于清廉，总想着为老百姓办事，处处维护他们的利益，实现自己"立功天地，字养生民"的政治抱负，为此他得罪了不少贪官污吏。虽然在百姓中赢得了很好的口碑，却在官场中受到打压，因此，他算是看透了官场中的黑暗。

乾隆十六年（1751年），郑板桥已经58岁了，仍旧在山东潍县做个知县，一天晚上，他在外请求借宿。主人是一位神态儒雅的老者，自称糊涂老人。他家里有一方质地精美的大砚台，希望郑板桥能在上面留下墨宝，以示纪念。郑板桥欣然答应，写了"难得糊涂"四个字。但是，砚台上还有很大的空间，于是郑板桥让老者能为这四个字写一段跋语，老者写道："得美石难，得顽石尤难，由美石转入顽石更难，美于中，顽于外，藏野人之庐，不入富贵之门也"，郑板桥方才得知老者是位隐士。有感于老者自称糊涂老人，超脱世外，再想到自己在官场中的遭遇，与贪官沆瀣一气，他于是又在砚台上补了一句话："聪明难，糊涂尤难，由聪明转入糊涂更难。放一著，退一步，当下安心，非图后来福报也"。老人看后仰天大笑，说了句"真乃高士也"。

然而，郑板桥也不是真正能揣着明白装糊涂的人，他在官场中也无做高士的可能。乾隆十八年（1753年），潍县受灾，民不聊生，结果郑板桥在为民索要救灾物资时得罪了上级，终于一气之下辞官回家，不入仕途。但"难得糊涂"四个字却成为一种处世哲学流传至今。

电视剧《康熙微服私访记4》中，有个骗子到康熙开的布店行骗，手中拿把折扇，扇面分明写着"难得糊涂"，岂不知康熙年间没这四个字吗？看来，扇子上应该写"难得明白"才对。

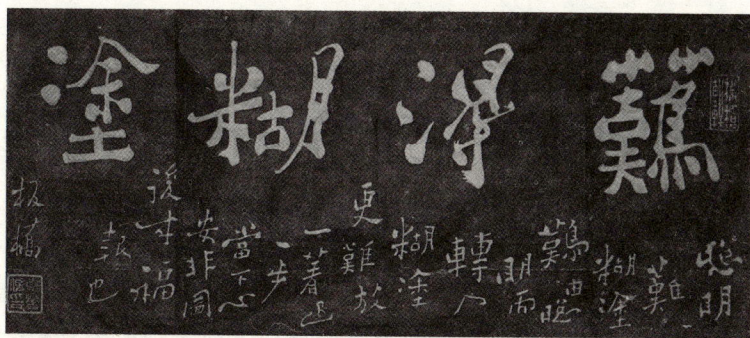

（难得糊涂拓片）

还想知道更多吗？

请参看：《扬州八怪画传》周时奋著 山东画报出版社2003年版（"郑板桥——弃官卖竹画清风"122页—155页）。

选的是最新的
随园食单的谱

康熙和《随园食单》

在电视剧《康熙微服私访记3》中有一部《食盒记》，片中有位噶礼大人，表面上清廉奉公，实际上贪赃枉法，无恶不作。人又好吃好虚荣，晚上弄个夜宵，还自诩为得袁枚的真传，远比康熙皇帝的生活水准高。

清噶礼，大贪官，性豪奢，恶多端。

随园谱，袁枚写，可惜他，无缘见。

　　前不久，一部纪录片《舌尖上的中国》，介绍了中国各地不同的美食文化，随之而来引发了所谓的"舌尖经济"。由此可知，中国人是喜爱美食的。

　　我们的老祖宗对于美食的疯狂和追捧，并不亚于我们这些晚辈，文人士子为甚，读书之余，培养一下制作美食的手艺，为生活中平添了一份雅趣，甚至还能从烹饪中领会一点治国之道。《老子》中就提出了"治大国若烹小鲜"的政治理念，用做饭的方式，告诉人们无为而无不为的道理。文学家苏东坡就爱好美食，特地制作了东坡肉。相传晚清的李鸿章也爱好吃，不仅自己吃，还请洋人一起吃，于是乎不经意间创出了"李鸿章大杂烩"这道菜。胡适先生也爱吃，他经常邀请好友到家吃饭，由他的妻子江东秀做拿手的家乡菜——绩溪一品锅，其实就是集五花肉、油豆腐包、干豆角、冬笋、香菇等原料为一锅的大炖菜，后人美其名曰"胡适一品锅"。还有李白发明的太白鸭，潘祖荫烧制的潘鱼，丁宝桢创始的宫保鸡丁等等，很多都成了大众喜爱的家常菜，真可谓"昔日王谢堂前燕，飞入寻常百姓家"。

　　除了亲手实践，不少文人还留下专门记录的食谱，贻留后人。在小说《红楼梦》中，曹雪芹记录了很多乾隆时期的美食，并详细交代了制作方法。另一位与他同时期的文人袁枚也留下了食谱——《随园食单》，前后交代了300余种

袁枚（1716年—1797年）

大江南北的各色菜肴、主食、茶点、酒水等，包括原料的选择、清理，烹饪的具体程序、注意事项等，很多菜品因美味可口，且制作方法简单、明确，所以一直沿用至今，成为文人雅士追捧的对象。不过，和曹雪芹差不多，袁枚在写这本书的时候，也是理论大过实践，他在书中开头第一句话就说，做菜和做学问一样，要有理论知识之后，才能下厨实践。实际上袁枚只能算是一位美食理论家，他根本不会厨艺。

不会厨艺倒是没有关系，怕的是有人没有知识还要强行穿越的。在电视剧《康熙微服私访记3》中有一部《食盒记》，片中有位噶礼大人，表面上清廉奉公，实际上贪赃枉法，无恶不作。人又好吃好虚荣，晚上弄个夜宵，还自诩为得袁枚的真传，远比康熙皇帝的生活水准高。在噶礼大人那桌高级夜宵中，有一道蒋侍郎豆腐，这位大人还未开吃，就已经夸夸其谈，开始详细介绍《随园食单》中关于这道菜的烹制方法了。

读者明鉴，康熙皇帝死时，袁枚才6岁。直到乾隆五十七年（1792年），《随园食单》首次出版，从此才成为美食家们必读的入门书。

（《清代学者像传》袁枚）

还想知道更多吗？

请参看：《袁枚全集》第五册《随园食单》王英志主编 江苏古籍出版社1993年版（"杂素菜单·蒋侍郎豆腐"60页）。

一部二十四史，多少宫闱惨变，多少萧墙祸起，不都是这样酿成的吗？

康熙

"二十四史"名称的由来

在电视剧《雍正王朝》中，康熙皇帝因看到皇子内斗，勃然大怒道："一部二十四史，多少宫闱惨变，多少萧墙祸起，不都是这样酿成的吗？"虽然这些正史中，确实有很多这样的内容，但毕竟当时只有二十一部，这"二十四史"还是等他孙子弘历登基之后，由乾隆皇帝来说吧。

古中国，重修史，前车鉴，后世师。

说正史，有多部，乾隆后，合钦定。

"二十四史"由二十四部独立的史书构成，篇幅浩大，合在一起共有3213卷，约4000万字，时间跨度从上古时期的黄帝一直到明代崇祯十七年（公元1644年）。这些史书，都有一个重要的特点，就是突出对人物的记载，都以纪和传作为主要特色，因此，被称为纪传体史书。又因为这类史书都把皇帝的传记放在首位，强调皇帝在历史中的重要地位，后人又给他们起了个名字，叫做"正史"，表示这类史书是代表官方意志的，具有正统性和权威性。

这二十四史分别为：《史记》（汉·司马迁）、《汉书》（汉·班固）、《后汉书》（南朝宋·范晔）、《三国志》（晋·陈寿）、《晋书》（唐·房玄龄等）、《宋书》（南朝梁·沈约）、《南齐书》（南朝梁·萧子显）、《梁书》（唐·姚思廉）、《陈书》（唐·姚思廉）、《魏书》（北齐·魏收）、《北齐书》（唐·李百药）、《周书》（唐·令狐德棻等）、《隋书》（唐·魏征等）、《南史》（唐·李延寿）、《北史》（唐·李延寿）、《旧唐书》（后晋·刘昫等）、《新唐书》（宋·欧阳修、宋祁）、《旧五代史》（宋·薛居正等）、《新五代史》（宋·欧阳修）、《宋史》（元·脱脱等）、《辽史》（元·脱脱等）、《金史》（元·脱脱等）、《元史》（明·宋濂等）、《明史》（清·张廷玉等）。

顾名思义，古人命名"二十四史"的前提，必须要有这二十四部史书问世才行。就像我们经常提到的水浒一百单八将，必须要一百零八位好汉聚义梁山之后，才可能有这样的名称一样。"二十四史"是历史上一本一本地写出来的，从司马迁到张廷玉，也有近两千年的时间。在这两千年中，关于这类史书的名称有很多，比如有称作"十七史"和"二十一史"的，都是因为当时这类史书只有十七部或二十一部，所以才这么命名。

司马迁（前145年或前135年—前86年）

张廷玉（1672年—1755年）

"二十四史"的成型时间是在乾隆时期。乾隆初年，纪传体的正史只有二十一部。此后，乾隆四年（1739年），《明史》最终定稿，就有了"二十二史"之称。后来，又增加了《旧唐书》，成为"二十三史"。乾隆四十年（1775年），原本已经亡佚的《旧五代史》，因为乾隆编纂《四库全书》的需要，被学者从《永乐大典》中将条条材料找出，拼凑成书，也被列入正史之中，后经乾隆皇帝钦定，合称"钦定二十四史"。

在电视剧《雍正王朝》中，康熙皇帝因看到皇子内斗，勃然大怒道："一部二十四史，多少宫闱惨变，多少萧墙祸起，不都是这样酿成的吗？"虽然这些正史中，确实有很多这样的内容，但毕竟当时只有二十一部，这"二十四史"还是等他孙子弘历登基之后，由乾隆皇帝来说吧。

（《康熙皇帝读书像》）

还想知道更多吗？

请参看：《史部要籍解题》王树民著 中华书局1981年版。

主顾指的是什么

　　其中一个骗子大摇大摆,环顾四周,口里问道:"这是换了主顾啊?怎么一个认识的都没有了?"三德子回道:"主顾是换了,我们的布是多多了。"这哪里是换主顾啊,分明是换掌柜的啊,要问也是问掌柜的换了啊!

新主顾，老主顾，称客人，是称呼。

做生意，称掌柜，请客人，多光顾。

　　说起中国古代的职业，有所谓的四大职业，即"士农工商"。其中士指的是读书人，它是中国古代社会的重要组成部分，通常也成为士大夫阶层。农指的是农民，中国传统的农业经济社会，主要靠的就是这一部分人。工指的是手工业者，商指的是商人，这两部分人地位较低，尤其是后者。之所以出现这样的现象，主要是因为商人不从事农耕，在农业社会中被视为不能创造社会财富的阶层。

　　然而，毋庸置疑的是，古代有不少富人，都是通过商业发家的。譬如春秋战国时期的范蠡，他本是越王勾践身边的大臣，在帮助越国灭亡吴国之后，就主动隐退，做了商人，最后富可敌国，扬名天下，被称为"商圣"。

范蠡（约前536年—约前448年）

　　做大生意的可以发大财，然而对于普通老百姓来说，达到范蠡这一位置的毕竟凤毛麟角，大多数人还是小本经营，养家糊口罢了。别看就是些小买卖，要想做得下去，甚至能做出个名堂来，还是要有个诚信之心。只有诚信，卖的商品质量高，服务态度好，才能招来好的口碑，回头客一多，生意自然兴隆了。在过去一到过年时，商户的店面总会贴上"生意兴隆通四海，财源茂盛达三江"的对联，这财源滚滚总离不开顾客。因此同仁堂有"炮制虽繁必不敢省人工，品味虽贵必不敢减物力"的古训，瑞蚨祥的创始人孟洛川也信守"货真价实，童叟无欺"的店规，要的就是留下一个好口碑，多赢得一些回头客。就比如说老北京的吃食，在民国时期北京的饭馆，先不说做的饭菜是否合口味，光说这殷勤的服务，真就让人有宾至如归之感。即便是叫到家中吃，也必定派干活麻利儿的伙计，提着大漆盒，不管多远的路，送到后打开一看，食物没半点洒出，依旧香气扑鼻，热气腾腾。

这说明那时的生意讲究回头客，这回头客又叫做主顾，"顾"有光顾的意思，"主"则包含经常之意。合在一起，就是经常光顾。还有一种顾客称为"老主顾"，他们可以说是生意人的财神，只认一个品牌，只认一家店面，真个让生意人的买卖"通三江"、"达四海"了。

《康熙微服私访记》第四部的《绫罗记》中，康熙带着宜贵妃、三德子、法印和尚、小桃红一起出宫，在街市上顶租了一个门脸卖绸布，想体验一下民间疾苦。布没有卖出多少，碰到骗子可真不少。其中一个骗子大摇大摆，环顾四周，口里问道："这是换了主顾啊？怎么一个认识的都没有了？"三德子回道："主顾是换了，我们的布是多多了。"这哪里是换主顾啊，分明是换掌柜的啊，要问也是问掌柜的换了啊！

（范蠡）

还想知道更多吗？

　　请参看：《中国古代的商人》王兆祥、刘文智著 商务印书馆国际有限公司1995年版（"商人经营的方式与手段"46页—61页）。

《卜算子·咏梅》也被穿越了

    电视剧《大清御史》中，说的是乾隆时期的故事，其中却有这样一个情节，在御史钱沣家的墙上，赫然贴着毛主席的这首《卜算子·咏梅》，而且用的还是毛体书法。

卜算子，有深意，现代词，被穿越。

古装剧，需用心，设道具，要合理。

如今，穿越剧风头大减，我们看了太多的小川、若曦和晴川似的人物，对他们的爱情故事都有些审美疲劳了。但是，古装片中会不自觉地留下一些穿越时空的物品，比如塑料瓶、空调、汽车、飞机，就像玩游戏"大家来找茬"一样，只要注意看，总能发现意外惊喜，但真没想到《卜算子·咏梅》这首词也被误置了。

《卜算子·咏梅》："风雨送春归，飞雪迎春到。已是悬崖百丈冰，犹有花枝俏。俏也不争春，只把春来报。待到山花烂漫时，她在丛中笑。"

毛泽东（1893年—1976年）

这首词是毛泽东同志1961年12月所写，首次发表在人民文学出版社1963年12月版《毛主席诗词》上。1961年12月，毛泽东同志在广州，为即将召开的中共中央扩大的工作会议做准备，当时的苏联背信弃义，撤走了全部在华的苏联专家，使我国失去了几乎全部的外援技术支持。加之，国内三年自然灾害等原因，我国的农业生产也日益严峻，以美国为首的资本主义国家依然对我国施行全面封锁，人民生活水平得不到提高，我国正处在社会主义建设的困难时期。

陆游（1125年—1210年）

会前，毛泽东同志读了南宋陆游的《卜算子·咏梅》，感觉陆游虽然很爱国，但是面对自己的国家受到金人侵略时，不仅没有积极进取，反而在这词中表现得消极和抑郁。于是，他想到现在国家所处的环境，采用了反其道而行之的

168

办法，也写了一首《卜算子·咏梅》，谱写了中华民族不畏艰险，勇往直前的高贵品质。

　　词中，"悬崖百丈冰"是用来形容当时中国极度艰苦的内外环境。寒冬时分，那些只有在春天才开放的鲜花，早就香消玉殒了，只有梅花，还能怒放，俏立枝头。它象征着伟大的中国人民和中华民族，面对前所未有的不利局面，不畏强暴，体现了独立自主、自力更生的英雄气概。梅花开放后，并不是要和百花斗艳，它是"只把春来报"，预示了春天即将到来。这表明了作者坚信中国人民有信心，也有能力依靠自己的力量建设社会主义，而且一定创造出美好未来。

　　这首词，以梅花为喻，咏颂它在严冬季节，万物俱静时，却争相开放的高贵品格。实际上，反映了作者在遇到困难时的乐观态度和进取精神，更是对祖国社会主义建设所拥有的一份自豪感和自信心。

　　电视剧《大清御史》中，说的是乾隆时期的故事，其中却有这样一个情节，在御史钱沣家的墙上，赫然贴着毛主席的这首《卜算子·咏梅》，还且用的还是毛体书法。这个道具在这部电视剧中可真是尴尬，将穿越推向了极致，让人情何以堪。

钱沣（1740年—1795年）

（《钱沣自画像》局部）

还想知道更多吗？

　　请参看：《毛泽东诗词集》中共中央文献研究室编 中央文献出版社1996年版（"卜算子·咏梅"129页—132页）。

顶着几个脑袋走御道

　　既然是专供皇帝车驾走的路，那其他的人自然是不允许走的。看看穿越剧《宫锁心玉》中的八阿哥、九阿哥，在被雍正帝削去宗籍往外走的时候，竟然大咧咧地走在御道上。

古有礼，须遵守，走御道，太大胆。

两阿哥，不懂礼，想谋乱，真明显。

御，原本是驾驶车马的意思，同时也可指对帝王所作所为及所用物的敬称。如皇帝用的碗叫御碗，皇帝骑的马叫御马，皇帝赐的东西叫御赐，就连皇帝走的道都有一个专门的名称叫"御道"。

御道也有狭义和广义之分。小的来说，在明清时期北京城有一条专门的御道，也就是京城南北中轴线，这是一条自南到北、贯穿紫禁城的石板大道，向南端延伸，可直至永定门，向北延伸，可至钟鼓楼。

过去这条路是皇帝专用，所以在民间又被称为"金阶"。每逢节庆大典，大殿内外香烟缭绕，鼓喧齐鸣，殿外的白石台基上下跪满文武百官，山呼万岁，中间是御道，两边排列着仪仗，皇帝端坐在龙辇上，缓缓通过，营造出一种森严而又神秘的气氛。即使平时，御道也是不能擅自行走，文武官员也只能走两旁的小石道。

广义上的御道出现得则比较早的。早在汉朝时就有了关于御道的明确记载。《后汉书》中说虞延为洛阳县令时，当时信阳侯的门客马成偷盗被收铺审问，信阳侯阴就向皇帝告状，于是皇帝驾临御道，亲自到巡行检查道路的馆舍，检查囚犯罪状。可见，那时候就已经出现御道了。后来，随着朝代的推进，御道的修建越来越多，尤其是清朝。

清朝历代皇帝都有出巡、狩猎、祭祖的惯例，而他们的祭祖、出巡、狩猎都有专门的御道。如康熙在热河修建承德避暑山庄，当时为方便皇帝往来于山庄和木兰围场之间，专门修建了自京师抵承德、木兰围场的御道。更为甚者，为方便皇帝在山庄洗浴还专门修建了一条从山庄到门头沟汤泉长约90里的御道。至于康熙、乾隆的六次南巡江南修建的御道，那就更不计其数了。

　　既然是专供皇帝车驾走的路，那其他的人自然是不允许走的。看看穿越剧《宫锁心玉》中的八阿哥、九阿哥，在被雍正帝削去宗籍往外走的时候，竟然大咧咧地走在御道上。即便他们俩是雍正的皇弟也不可以，更何况他们当时因为还结党营私的嫌疑已经引起雍正帝的不满，而被削去宗籍呢。两位阿哥刚出门就这样公然走在皇帝专用的御道上，这不明摆着在向雍正帝挑衅嘛，难怪雍正帝龙颜大怒，这在当时可是死罪啊。两位阿哥本来处境就够惨了，怎么忍心再让他们雪上加霜呢？

（清光绪崇陵）

还想知道更多吗？

　　请参看：《礼的精神——礼乐文化与中国政治》柳肃著 吉林教育出版社1990年版（"礼的形象体现"162页—175页）。

嬛嬛一袅楚宫腰

甄嬛其名如何读

《咬文嚼字》在2012年岁末大盘点时指出电视剧《甄嬛传》中一个大问题：甄嬛的嬛字究竟怎么读，是"huán"或是"xuān"？皇帝天天念叨的是"huán huán"还是"xuān xuān"？

《甄嬛传》，很流行，年近末，被正名。

非读环，或宣鸢，音相异，意不同。

中国古代有许多人名、地名、族名、政权的名称等，这些字因为古音与现代的读法不尽相同，在表达特定含义的时候，会有不同的读音，因此很容易被念错。《咬文嚼字》在年近岁末大盘点时指出电视剧《甄嬛传》中一个大问题：甄嬛的嬛字究竟怎么读，是"huán"或是"xuān"？皇帝天天念叨的是"huán huán"还是"xuān xuān"？

在《汉语大词典》里"嬛"字有三个读音，分别是"huán"、"xuān"和"qióng"。这三个读音分别有不同的意思。其实，这个字还有一个读音"yuān"。

这个嬛字，主要有三种意思。首先是与嫏组成"嫏嬛"，这个词读作"huán"。嫏嬛，传说为天帝藏书之所，后泛指珍藏许多书籍的地方。"嫏嬛"有时也被写成"琅嬛"，只有这时读"huán"，并无其他意思。其实，《甄嬛传》中如果没有那段选秀的情节，本也可以以此意说明甄嬛善读诗书，有文采斐然之意。

"嬛"字另一读音是"qióng"，表示孤独没有兄弟之意，与茕茕子立的"茕"或"忧心惸惸"的"惸"通用，《诗经·周颂》中就有："嬛嬛在疚"的说法。当然，《甄嬛传》中的甄嬛可没想着这么凄苦孤单的身世，自然不会采纳这样的读音。

"嬛"字的第三、四个读音是"xuān"或"yuān"，均为一声，用以形容女子柔美、柔媚、轻盈的风采。这两个读音都非常适合《甄嬛传》传中的甄嬛。因为，从电视剧《甄嬛传》中甄嬛出场参加选秀那场戏的情节来判断，"甄嬛"的"嬛"出自南宋词人蔡伸《一剪梅》中的"嬛嬛一袅楚宫腰"。那么在该句中"嬛嬛"形容女子婀娜妩媚之姿，"嬛"读作"yuān"或者是"xuān"。

在中华书局2000年版《王力古汉语大字典》中第208页，将此自注音为"qióng"和"yuān"。其中"yuān yuān"指的是轻盈美丽貌，在《上林赋》中有柔桡嬛嬛之语，意思即是说骨体柔软长艳貌也。另外，天津古籍出版社1995年版《康熙字典》180页，以为嬛的本字，右下部是个"袁"字，如此看来，读做"yuān"，是否也有道理？

说了这么多种读音，大家估计都要犯迷糊了。一方面是观众们已经熟悉了固定读音，一方面是亟须补充的读音新知识，这可难坏了语言文字工作者。改，有可能伤害了大众们的心理感情；不改，以讹传讹，以后再读到《一剪梅》中的那句"嬛嬛一袅楚宫腰"就变成了"huán"，想改也改不过来了。这引起了极大的争议，大家也都非常关注这个问题。

不论结果如何，《咬文嚼字》还是取得了一次大胜利，这个胜利不在于让大家都改正了这个错误，而是让大家都认识到这个错误，以后可以少犯或不犯这样的错误，这才是最重要的事。

（雍正西服画像）

还想知道更多吗？

请参看：《实用古汉语知识宝典》杨剑桥著 复旦大学出版社2003年版（"音韵学"113页—217页"训诂学"218页—274页）。

甄嬛弹奏的古琴

　　古琴究竟是怎么放的，又是怎么弹奏的。最简单的解释就是：古琴的摆放位置应当宽头朝右，窄头朝左，最细的线朝自己，徽位点和最粗的弦在对面。古琴的琴轸，也就是宽的那头，是要悬空在摆桌子右侧外面的。

弹古琴，属风雅，情韵致，有芳仪。

宽头右，窄头左，切牢记，莫错置。

电视剧《甄嬛传》为了剧情的需要，不少嫔妃都有自己的看家本领，比如眉庄善书，安陵容善绣，叶澜依擅骑等等，不一而尽。其中作为主角的甄嬛则是擅长于古琴。

古琴在这部电视剧中可是非常重要的角色，它代表着某种象征。一方面，古琴作为甄嬛的特长，展示了其从容、智慧、容纳、果断的个性，这种雅致颇讨皇帝的欢心，所以皇帝一旦心里有事总得到甄嬛这里寻找某种静心的抚慰。另一方面因为古琴的缘故，又缔结了甄嬛和果郡王之间的琴箫之缘，因为甄嬛以琴技见长为皇上所欣赏，被赐予"长相思"琴，而果郡王又有箫名"长相守"，另外，长相思琴又是果郡王的母亲心爱之物，所以，这古琴就是甄嬛和果郡王两心相悦的印证。

可是，清朝的历史上本没有这么一段奇缘佳话，在宫禁中的后妃是不可能与王爷有这么多的接触机会。剧情这样无故平添，只为讨观众的欢心，这些也能够理解。倒是这多次出现的古琴令人"眼前一亮"——明明是被倒置的古琴，怎么能弹奏出如此美好的乐曲。

古琴，称瑶琴、玉琴、七弦琴，是我们中国最古老的弹拨乐器之一，就和琵琶、古筝、扬琴一样，是以弹拨的形式奏出乐曲。据《史记》载，琴的出现不晚于尧舜时期，到隋唐时期古琴还被传入东亚诸国。在中国古代，关于古琴的故事有许多。如春秋时期的孔子酷爱弹琴，操琴弦歌之声不绝；伯牙和子期的《高山》《流水》觅知音的故事，也是后人心目中的美谈佳话；另外，魏晋时期的嵇康给予古琴"众器之中，琴德最优"的最高评价，最后他在刑场上用古琴弹奏了《广陵散》作为自己生命的绝唱。

古代名琴有绿绮、焦尾、春雷、冰清、大圣遗音、九霄环佩等。

古琴的故事这么多，但是随着时间的发展，我们现在往往忘记了弹奏古琴的最基本的要领，古琴究竟是怎么放的，又是怎么弹奏的。最简单的解释就是：古琴的摆放位置应当宽头朝右，窄头朝左，最细的线朝自己，徽位点和最粗的弦在对面。古琴的琴轸，也就是宽的那头，是要悬空在摆桌子右侧外面的。演奏时，弹奏者将琴置于桌上，右手拨弹琴弦、左手按弦取音。

当然，这里说得简单，只是为了证明图上的错误，实际上古琴的内涵丰富，无法用简单的文字描述，喜欢古琴的读者大可用心去走近学习。

（宋徽宗《听琴图》）

还想知道更多吗？

请参看：《中国古代乐器百图》金家翔编绘 安徽美术出版社1994年版（"七弦琴"22页）。

《四书》《五经》，开
篇就是《中庸》……

徐氏《四书》

　　说到《中庸》，从《四书》成书之后，就从来没有占据首位。电视
剧《走向共和》中，大学士徐桐提到《四书》时，竟然说《四书》、
《五经》中，开篇是《中庸》，没想到渊博如此公，也犯起了浑，自创
了徐氏《四书》！

说《四书》，很熟悉，定次序，到朱熹。

先《大学》，后《论语》，再《孟子》，后《中庸》。

《四书》是明清时期的科举教科书，包括《大学》、《中庸》、《论语》和《孟子》，这四部书约在秦汉时期就已经形成了。其中的《大学》和《中庸》原来是儒家经典著作《礼记》一书中的两篇文章，相传《大学》是孔子在平时教授学生时的讲义，经过孔子的弟子曾子整理成文。《中庸》的作者是孔子的孙子，同时又是曾子学生，孟子的老师——子思。

子思（前483年—前402年）

《大学》和《中庸》，唐以前并没有受到学者的重视，古人读经作文，很少有引用其中材料。直到唐代韩愈、李翱从维护道统，提倡儒家仁义道德，反对法家的功利主义和佛教的出世思想出发，而大加赞赏这两篇文章。北宋时期，著名理学家程颢和程颐又将这种思想予以发挥，将两篇文章中阐述的内容，上升到和天理同等的地位。要明白天理，就要多接触事物，并推究其中的道理，而《大学》和《中庸》更是对天理的理论总结。

朱熹（1130年—1200年）

到了南宋，朱熹将《大学》和《中庸》的重要性推向极致，《大学》成为初学儒家学术的入门书，《中庸》更是孔子传授心法的书。他对原先流传下来的两篇文章进行了整理，以便更好地阐述自己的理学思想，还将它们从《礼记》中抽出来，与《论语》、《孟子》合并，定名为《四书》。

朱熹编纂《四书》时，对两篇文章和两部书的排列顺序根据内容和篇幅做过相应的改动，本来是按照内容由浅入深，思想由简入繁排列为《大学》、《论语》、《孟子》和《中庸》。他认为先读《大学》，可以规定一个人学习理学的范围和纲领；其次是《论语》，可以夯实学习理学的基础；再次是《孟子》，读后可使人理解理学如何发展壮大；最后读《中庸》，使人懂得天理，得到孔门传授的心法。但是《大学》和《中庸》篇幅过小，穿插在《论语》和《孟子》之间显然不对称，也不方便刻版印刷，因而最终改为《大学》、《中庸》、《论语》和《孟子》的顺序，并专门著了一部《四书章句集注》，成为解释《四书》的理学名著。

说到《中庸》，从《四书》成书之后，就从来没有占据首位。电视剧《走向共和》中，大学士徐桐提到《四书》时，竟然说《四书》、《五经》中，开篇是《中庸》，没想到渊博如此公，也犯起了浑，自创了徐氏《四书》。

（朱熹）

还想知道更多吗？

请参看：《五经四书说略》李思敬著 商务印书馆1996年版（"'四书'——儒学的基础教材"131页—157页）。

编辑手记

作为一名编辑，我觉得对于现在的学生来说，学习历史真是一件既好玩又辛苦的事。

说好玩，是因为现在有着充足而富裕的历史资源信息公布于网络、纸媒、电视、电影等大众传媒中，犹如饕餮大餐，可以饱食无忧。并且，还有历史中的轶闻趣事做开胃小菜，各种文化知识做美味甜汤，真可谓好吃好玩至极。说辛苦，是因为学生不得不背负升学的压力，要反复地背诵课本知识，以及那些千篇一律的教辅答案，去应付各场考试。

于是，身边的学生朋友们，都在抱怨这样的一件事："我是真喜欢历史，却不知道如何学历史，靠背诵来学习历史，可真让人受不了。"他们更乐于去网络、影视、纸媒那里去寻找他们喜欢的信息。但那里的资源又不尽是那些配料安全、食材放心、烹饪合理的美味佳肴，有时候总会碰到一些粗制滥造和食材不佳的，也会让人倒尽胃口。其实，除了冒着"食物中毒"的危险或死记硬背的痛苦之外，我们的学生朋友们完全有更好的方式来熟悉历史、关心历史并钟爱历史。

许多历史学家都注重各种历史资源的吸收与采纳。章学诚先生主张"六经皆史"，除《四书》《五经》外，别集小说都是历史。陈寅恪先生极其看重史料，他利用新方法、新材料，以诗证史，写成《柳如是别传》；另外，陈先生在注重真史料的同时，也看重伪史料，他认为伪材料亦有时与真材料同样可贵。因为根据考据出来的时代及作者，则能说明当时依托的情形与实据，则又是一条极好的真材料。伪史料尚有可取之处，当今影视资源中的一些错漏之处，抑或可以有借鉴和甄别的利处，这也许是我们学生朋友学习历史的一条新途径。

学生朋友们对影视资源往往都有着极大兴趣，并乐于"探讨"其中的各色问题，这是一个好现象，说明他们对历史知识都有很强的好奇心。但是，对于影视资源中出现的错误情节，则需要学生擦亮眼睛，用己长驳彼误，才会有意想不到的收获。

比如，在看《康熙王朝》的时候，结合课本介绍，学生会更好地知道康熙作为一代帝王的千秋功业。但是，电视剧中肯定有许多剧情，和书本中介绍的知识不尽相同。康熙究竟怎么擒拿了鳌拜，究竟什么时候平定了三藩，又是何时收复了台湾，等等。这些时间是否和史实对应？影视剧中拍对了几分，又拍错了几分？错误又在何处？如果带着这些疑问去看电视，那么我们的收获一定是硕果累累。

从另一方面来说，如果能保持"多闻阙疑"的精神，那么影视剧就是我们的一份考卷，考得好不好，就在于平日学得好不好。如果想考好的话，首先，可以多看一些关于日常生活的百科知识图书，多增添对历史知识的学习和认识，这也是本书增加推荐书目之目的。其次，学生朋友们可以多去博物馆开阔眼界。博物馆是为公众提供知识、教育和欣赏的机构，其中汇集、保藏了许多具有科学性、历史性或者艺术价值的物品。参观展览时，看那些实物冲破千年历史的滚滚狼烟和厚厚尘土，以清丽脱俗的姿态，呈现在你的面前，你就可以看到真实的历史，而不是传说。相信，这时候的你对历史的感受力会远远超越影视剧所带来的一时的兴奋。最后，"读万卷书，不如行万里路"，带着一颗怀想历史的心态，走遍祖国的大好河山，看看当时人的居住条件和地理环境，看看古代先人留下的文化遗迹，这些都会将历史的感觉印入你的心扉，你会更好地感受历史无穷的魅力。

当然，通过找影视剧的错来学习历史，这还只是一个开始。说了这么多，其实不仅是针对学生朋友，包括那些爱读历史、想读历史的青年朋友们都是一样的道理。条条大路通历史——这是一位编辑工作者的心声。